Ungesehene Tränen

UNGESEHENE TRÄNEN

Anthologie
zum Literaturwettbewerb
"Kinderarmut"
des custos verlags in Kooperation mit
"Tischlein-deck-dich e. V."

custos verlag e. K.
engagiert kritisch frei

Bibliografische Information der Deutschen Nationalbibliothek
Die Deutsche Nationalbibliothek verzeichnet diese Publikation in der Deutschen Nationalbibliografie; detaillierte bibliografische Daten sind im Internet über http://dnb.d-nb.de abrufbar.

Titelbild: Zeichnung von Roda Mahmod, Schülerin des Bildungsgangs zum „Gestaltungstechnischen Assistenten" am Technischen Berufskolleg Solingen.
Die Urheberrechte liegen bei den jeweiligen AutorInnen und der Künstlerin.
Copyright custos verlag 2011
Alle Rechte, auch des auszugsweisen Nachdrucks, der auszugsweisen oder vollständigen Wiedergabe, der Speicherung in Datenverarbeitungsanlagen und der Übersetzung, vorbehalten.

Printed in Germany.

ISBN 978-3-943195-03-3

custos verlag e. K.
Van-Meenen-Str. 20
42651 Solingen
Mail: custos.verlag@yahoo.de
www.custos-verlag.de

Dieses Buch sei all jenen gewidmet, die sich dafür einsetzen, den Strom ungesehener Tränen zu trocknen!

Mit dem Kauf dieses Buches unterstützen Sie den Verein „Tischlein deck dich" Solingen – jedem Kind ein warmes Mittagessen

Jeweils 50 Cent pro verkauftem Buch gehen zugunsten des Vereins „Tischlein deck dich", der Kinder in Solinger Grund- und Förderschulen des Offenen Ganztags, die sich keine warme Mahlzeit leisten können, unterstützt und ihnen die Teilnahme am Mittagessen ermöglicht.

VORWORT

Ein Literaturwettbewerb in Solingen. Das ist eine Neuheit des Jahres 2011, die Sandra Grünwald mit ihrem custos verlag erdacht hat. Und hier ist Wirklichkeit geworden, was sich keiner zu erträumen wagte. Rund 100 Einsendungen sind eingegangen von Autoren aller Altersstufen, von denen etwa dreißig in das neue Buch einfließen.

Und nun der besondere Kick: Literaturwettbewerb in Zusammenarbeit und zu Gunsten des Fördervereins „Tischlein-deck-dich e.V.", Solingen.

Dieser Förderverein hat es sich zum Ziel gesetzt, dass bedürftige Kinder im Grundschulbereich ein Schulmittagessen erhalten, auch wenn die Eltern es nicht oder nicht ganz bezahlen können. Seit Dezember 2006 setzt sich der Verein dafür ein, dass die Öffentlichkeit über dieses Problem informiert wird und dass Menschen und Organisationen, Betriebe und Sponsoren das Anliegen unterstützen. Von rund 100 Kindern, die im ersten Jahr gefördert wurden ist die Zahl auf über 900 Kinder in diesem Jahr gestiegen.

Auch die Politik wurde eingebunden. Im Lande Nordrhein-Westfalen wurde die damalige Landesregierung aufmerksam gemacht, der „Rüttgers-Fonds" wurde eingerichtet mit 10 Millionen Euro für ganz NRW. Von der Stadtsparkasse Solingen wurde seitens des Aufsichtsgremiums ein Betrag von 160 000 Euro zur Verfügung gestellt. Nun gibt es den Bundeszuschuss im Bildungs- und Teilhabepaket, der vielen bedürftigen Kindern und Jugendlichen helfen soll. Damit werden 2500 von 7500 Bedürftigen erreicht. Von *Tischlein-deck-dich* werden nun die Härtefälle gefördert, die durch das Raster der staatlichen Förderung fallen.

Auch mit Hilfe von Sandra Grünwald, die unter dem Künstlernamen Sandy Green den Verein seit Jahren

unterstützt, ist die Öffentlichkeit über das Thema Kinderarmut informiert. Das Thema „Armut" ist vielen bewusst geworden, nicht nur die der Kinder, sondern ganzer Familien und der alten Mitbürger.
Deswegen wünschen wir dem neuen Buch einen guten Erfolg und danken herzlich. Geht doch ein Betrag von etwa 50 Cent pro verkauftem Buch an den Förderverein.

Hermann Josef Dörpinghaus
für den Förderverein Tischlein deck dich e.V.
Homepage: www.tischlein-deck-dich-ev.de

VORWORT DER HERAUSGEBERIN

Kinderarmut ist ein sehr komplexes Thema, ob wir uns die wachsende Armut in Deutschland ansehen oder die in den sogenannten Dritte-Welt-Ländern. Die Auswirkungen, ob die Kinder nun von Hunger, Obdachlosigkeit, Vernachlässigung oder dem Mangel an Wissen, Freundschaft oder Liebe betroffen sind, liegen jedoch alle auf den schmalen Schultern derjenigen, deren Leben von Unbeschwertheit bestimmt, im Schutz einer liebenden Familie geprägt sein sollte.
Welche nachhaltigen Folgen aus einer in Armut verbrachten Kindheit hervorgehen, wird für unsere Gesellschaft mit Sicherheit keinen Fortschritt bedeuten.
Aus diesem Grund ist es wichtig, sich mit dem Thema Kinderarmut auseinanderzusetzen und es in der Öffentlichkeit zu diskutieren. Hierzu soll diese Anthologie einen Beitrag leisten. Die veröffentlichten Texte stimmen nachdenklich, machen Hoffnung, aber auch betroffen. Ich danke allen Teilnehmern am Literaturwettbewerb „Kinderarmut" für ihre Arbeit und lade die Leser ein, sich von den nachfolgenden Geschichten anregen zu lassen.

Sandra Grünwald
Verlagsinhaberin
custos verlag

Appetizer-Story

Sandy Green

EINE INDISCHE HOCHZEIT

Meena saß mit unbewegtem Gesicht auf ihrem Kissen und blickte in ein oranges Nichts. Es war ein Wehen, ein Schimmer von leuchtendem Licht, verschwommen nur, weil es so dicht vor ihren Augen war. Orange war die Farbe des Schleiers, der ihr vor dem Gesicht hing. Ein luftiger Stoff, der sich sanft im warmen Wind bewegte. Sie sah nur das Orange vor sich, hörte nicht die Musik, die Gebete, die rezitiert wurden und nahm auch nicht die Sonnenstrahlen wahr, die ihr heiß auf den Rücken fielen. Orange war ihre Lieblingsfarbe. Meena versuchte, in diese leuchtende Farbe einzutauchen. Einzutauchen mit ihrem Geist, mit ihrer Seele. Es wollte ihr nicht gelingen. Schon Stunden saß sie so, während die Hochzeitszeremonie um sie herum ablief. Verwandte, Freunde und Nachbarn waren gekommen, um mit ihr zu feiern. Ein wackeliger Tisch mit verlockenden Speisen wartete auf das Ende der Zeremonie, bewacht von zwei streng blickenden Tanten, die Meena noch nie zuvor gesehen hatte. Ob Manju da war? Sicher war auch sie gekommen, um die Hochzeit ihrer besten Freundin mitzuerleben. Manju war noch nicht verheiratet. Aber natürlich standen ihre Eltern bereits in Verhandlungen. Manjus Eltern waren Bauern, so wie ihre Familie. Doch Manjus Eltern hatten viel mehr Ziegen und so konnten sie sich eine gute Mitgift für ihre Tochter leisten. Ihre Familie dagegen nicht. Obwohl ihre Eltern versucht hatten, die Diskussionen vor ihr zu verheimlichen, hatte Meena ein Gespräch belauscht, als sie, in jeder Hand einen Eimer Wasser, vor dem Vorhang, der ihren Hauseingang verbarg, angekommen war. „Warum musste uns eine Tochter geboren werden?", hatte sie Vater sagen hören. „Es wäre besser gewesen, sie wäre bei der Geburt gestorben." „Sag doch so was nicht", begehrte Mutter auf, doch Vater fuhr wütend dazwischen: „Ist doch wahr. Wie sollen wir denn die Mitgift für sie aufbringen? Niemals werden wir so viel Geld haben, um einen Bräutigam für sie zu finden." Meena hätte am liebsten die Eimer fallen lassen und wäre davongelaufen. Doch was hätte das genutzt? Wohin hätte sie als einfaches Bauernmädchen denn laufen sollen? Und wenn sie zurückgekommen wäre, hätten ihre Eltern sie bestraft und sie hätte den weiten Weg zum Brunnen noch einmal laufen müssen, um die beiden Eimer erneut zu füllen. So blieb Meena ruhig und betrat die kleine Holzhütte mit dem flachen Wellblechdach, lieferte das Wasser ab und ließ sich nichts anmerken.

Die angespannte Atmosphäre währte einige Wochen. Dann schlug sie plötzlich um. Ihre Eltern waren fröhlich und schienen erleichtert. Manchmal waren sie sogar freundlich zu ihr. Das machte Meena noch mehr Angst. Sollte das bedeuten, dass die Eltern nun doch einen Bräutigam für sie gefunden hatten? Mit bangem Herzen und zitternden Händen saß sie schließlich vor ihren Eltern, als diese ihr eröffneten, dass sie in einem Monat heiraten werde. Schließlich würde sie in der nächsten Woche zwölf Jahre alt, es wäre also Zeit, dass sie die Familie verließ. Meena schüttelte nur stumm den Kopf. Ein steifer Knoten hatte sich um ihr Herz gelegt, der sich nun immer weiter zuzog und ihr den Atem nahm. Als ihre Eltern sie entließen, stürzte sie durch den Vorhang nach draußen und rannte los. Sie rannte, bis ihre Lungen brannten und jeder Atemzug zur Qual wurde. Dann sank sie erschöpft am Stamm eines Baumes nieder. Die Baumkrone beschirmte sie, der Wind streichelte ihr tröstend übers Gesicht und trocknete die Tränen, die ihr unaufhaltsam über die Wangen rannen.

Und nun saß sie hier. Das kostbare Hochzeitsgewand hatten ihre Eltern von einer der Tanten ausgeliehen. Sie mussten lange gespart haben, um das Essen zu bezahlen und Meena ärgerte sich, dass in ihrem Magen ein Sack voller Kiesel lag und sie die Köstlichkeiten nicht würde genießen können. Noch nie hatte sie so viele verschiedene Speisen auf einmal gesehen. Aber schon seit Tagen war ihr übel und sie brachte kaum das trockene Fladenbrot hinunter.

Das luftige Orange flatterte in einer Böe. Meena schloss die Augen. Sie vermied es, zu ihrem Bräutigam hinüber zu sehen. Gleich würden sie gemeinsam sieben Schritte tun müssen. Dann würde der Priester sie mit Weihwasser bespritzen und die Feier konnte losgehen. Nach den Festlichkeiten würde sie mit ihrem Bräutigam gehen und ihre Familie verlassen. Doch die kleine Hütte lag direkt neben dem Haus ihrer Eltern. Sie hatten den alten Ziegenstall abgedichtet, ihn gesäubert und Vater hatte einen Tisch gezimmert. Mutter hatte für ein angenehmes Lager gesorgt, in dem das frisch vermählte Paar schlafen konnte. So würde Meena ein eigenes Heim haben, doch abhängig war sie weiter von ihren Eltern. Wie hätte ihr Ehemann sie auch ernähren sollen?

Sie wagte noch immer nicht, zu ihm hinüber zu sehen. Zu sehr schämte sie sich. Auch wollte sie nicht an den Augenblick erinnert werden, als sie ihn zum ersten Mal gesehen hatte. Vater war mit ihm von draußen in die Hütte gekommen, hatte ihn vor sie hingestellt und erklärt, dass das von jetzt an ihr Verlobter sei und er erwarte, dass sie sich freue. Meenas Blick war hilfesuchend zwischen ihrem Bräutigam und ihrem Vater hin und her geirrt. Als sie schließlich den entschlossenen Gesichtsausdruck ihres Vaters gesehen hatte, wusste sie, dass es für sie keine Hilfe mehr geben würde. Sie hatte ihren Bräutigam angestarrt und das Grauen war ihr wie eine eisige Schlange durch den Körper gekrochen.

„Immerhin, er wird dich nicht schlagen und nicht herumkommandieren", hatte Manju gesagt, als sie ihr alles erzählt hatte. „Ja, er wird mich nicht schlagen", dachte Meena und dann sah sie doch hinüber zu ihrem Bräutigam. Er blickte sie aus großen braunen Augen an und wedelte freundlich mit dem Schwanz. Sein Fell war gebürstet worden und glänzte in der Sonne. Gleich würde ihr Vater sie zu ihm bringen. Und nach dem Weihwasser waren sie endgültig verheiratet. Um sie herum plauderten die Hochzeitsgäste, während der Priester die letzten Gebete sprach. Meena schloss die Augen. „Er wird mich nicht schlagen", dachte Meena. Leicht umschloss die das lichte Orange, verschwamm vor ihren Blicken. Zu dicht vor ihren Augen. Oder waren es doch die Tränen?

Platz 1

Peter Suska-Zerbes

FREITAGNACHT, DREI UHR

„Du musst aufwachen! Es ist etwas passiert!"
Es ist Albert, unser Zivi, den die verhaltensoriginellen Jugendlichen alle nur Bert nennen. Nachts gibt es zwei Betreuer für fünf oder sechs Jungen in der Klärungsstelle, vorläufige Endstation für die meisten von ihnen, die kein Heim mehr aufnehmen will. Arme Schweine! Als langjähriger pädagogischer Leiter kann mich kaum noch etwas überraschen, stellen Ausnahmesituationen in einem solchen Heim doch die Regel dar.
In der klinisch sauberen Toilette liegt Josef bewusstlos auf dem Rücken. Es riecht durchdringend nach WC-Reiniger, Urin und Erbrochenem, das dem Sechzehnjährigen in dünnen Fäden aus beiden Mundwinkeln rinnt. Kein Puls spürbar. „Ruf den Rettungsdienst! Mach schnell!" Mein Autopilot übernimmt nach dem ersten Schock die Regie, professionell, gefühllos. Wie immer! Gefühle? Das ist etwas für Leute, die es sich leisten können. Ich kann sie nicht ertragen. Nicht hier, im Heim.
Klaus, ein guter Freund von Josef, schleicht sich schüchtern herein, drückt sich an die Wand. „Was war los?", frage ich.
„Keine Ahn..."
„Nicht den üblichen Text, Alter! Wenn er stirbt, dann verschwindest du im Knast. Unterlassene Hilfeleistung! Also: Was war los?"
Er gibt zögernd nach, stammelt: „Wir machten Party, tranken Strohrum, ... beim Aldi geklaut, 95%iger. Er wollte beweisen, was er verträgt".

Josef und ich hatten uns längst angefreundet. Ich wollte nicht, dass er in ein anderes Heim kam.
„Es wäre besser", lag mir der Fachdienst ständig in den Ohren.
„Wieso?", fragte ich. „Ist er nicht zum ersten Mal glücklich?"
Josef wollte auch bleiben. Zur Klärung waren drei Monate vom Jugendamt genehmigt worden. Seine dicke Akte stellte keine Empfehlung für eine Folgemaßnahme dar. Den wollte sich niemand an Land ziehen. Machte nur Probleme.
Deswegen war er noch bei uns - nach fast einem Jahr.

„Josef darf nicht sterben. Du musst mir helfen", dränge ich Klaus.
„Ich kann so etwas nicht", flüstert er.
„Das machen wir schon."
Ich verbreite wie üblich Zuversicht, nach der es mir auch nicht zumute ist. Schauspielen gehört zum Geschäft in einem Heim, wo man die Wirklichkeit schnell satt hat.

Josefs Akte ist voller elender Geschichten:
Aufgewachsen in einem sozialen Brennpunkt: Arbeitslosigkeit! Armut! Alkohol!
Das ganze Programm!
Als Josef acht Jahre alt war, kam eines Nachts der Vater wie gewohnt betrunken nach Hause, schlug wieder einmal den Sohn und die geistig behinderte Mutter. Sexueller Übergriff vor den Augen des Jungen? Josef konnte nicht darüber reden. Plötzlich hatte der Vater einen Herzanfall. Er starb in den Armen seines Sohnes. Mit zehn übernahm Josef die Rolle des Vaters, rauchte, trank, schlug die Mutter. Danach drei oder vier Heime. Laut Akte machte er jede Menge Probleme. Diebstahl! Drogen! Schlägereien! Was weiß ich! Ist auch egal!

Kein ungewöhnlicher Hintergrund bei uns. Das Übliche eben: Nicht gewollt, nicht geliebt.

„Klaus, wir müssen sein Herz wieder zum Schlagen bringen. Drehen wir ihn um!" Ich beginne mit der Herzmassage. Mechanisch pumpende Bewegungen. Es gluckst im Brustraum wie in einer verstopften Wasserleitung. Gemeinsam umdrehen, Erbrochenes rauslaufen lassen, umdrehen, pumpen ...
Ich mag Josef ... Ach Scheiße!

Wenn ich Dienst hatte, war er stets um mich herum. Am Anfang um zu vermeiden, dass er andere schlug. Später weil ich ihn sehr gern mochte.
„Pass mit der Paparolle auf", hatte der beratende Fachdienst gewarnt.
Das war mir egal. Ich mochte ihn. Ich stand dazu!
Am Abend hatte ich mich noch mit Josef gestritten. Auch nicht gerade selten.
„Du lässt dich ständig in alle Geschichten reinziehen", warf ich ihm vor.
„Ich mache, was ich will! Ich brauche niemanden! Auch dich nicht!"
Das tat weh.

Auf den Rücken drehen, Kopf zurück und Mundzumundbeatmung anfangen. Der faulig-süßliche Gestank nach abgestandenem, gegorenem Fruchtsaft verursacht einen starken Brechreiz bei mir. Ich würde am liebsten weglaufen.
„Denk an etwas Schönes", sage ich zu mir selbst. Verdammter Dreck!

„Er mag kleine Kinder", erzählten die Kindergärtnerinnen, als er Praktikum machte. Josef kam stets gleich zu mir ins Büro. Wir redeten über seine Musikanlage, über

seine neue Freundin, über seinen Wunsch, Kindergärtner zu werden.
Ein Wunder, dass er trotz allem noch Träume hatte. Viele bei uns im Heim haben noch nicht einmal die.

Der Zivi kommt zurück, steht einen Moment unsicher herum. „Der Krankenwagen ist gleich da", murmelt er etwas hilflos.
Ich kann nicht sagen, was es zu sagen gibt. Will es einfach nicht wahrhaben: Josefs Atmung setzt nicht ein. Verdammte Scheiße! Wenn er überlebt, wird er wegen des langen Sauerstoffmangels wie seine Mama geistig behindert sein. Soviel ist schon sicher! Er darf trotzdem nicht sterben. Eine Lösung wird sich finden lassen. Irgendwie! Hauptsache er lebt!

Die letzte Absage eines Heims stammte vom Dienstag.
„Die haben alle Angst vor mir. Ich will sowieso hier bleiben," stellte Josef nüchtern bei mir oben im Büro fest. Wir waren sein wirklich erstes Zuhause.
„Das Jugendamt drängt, weil unsere Maßnahme zu teuer ist", erklärte ich ihm.
„Und? Was jetzt?", fragte er. Nicht aggressiv, eher niedergeschlagen. Er war es gewohnt, herum geschickt zu werden, nirgends ein Zuhause zu haben.
Was sollte ich sagen? Nach der siebten oder achten Absage hatte ich auch keine Ahnung …

Als die Rettungsmannschaft endlich kommt, überlasse ich ihr das Feld. Ich hatte keinen Erfolg gehabt. Auch das ist keine neue Erfahrung für mich. Ihre Wiederbelebungsversuche sind nach einer Weile erfolgreich. Sie nehmen den bewusstlosen Jungen mit.
„Wird er…?", frage ich leise.
Der Notarzt macht mir nicht viel Hoffnung. „Es sieht nicht gut aus."

„Bitte! Ich werde alles versuchen, dass er bei uns bleibt. Hier ist er daheim!"
Dann gehe ich hinaus in die Halle und starre lange durch die großen Scheiben des Wintergartens in die dunkle Nacht.
Leere.

Platz 2

Nadine d'Arachart
Sarah Wedler

HEIMLICHKEITEN

Draußen vor dem Fenster hat eine Spinne ihr Netz gewoben. Sina sieht dem dürren Tier zu, wie es eine Fliege einspinnt. Mit dem Finger klopft sie gegen die Scheibe. Die schwarzen Beine der Spinne zucken und auf einmal hat Sina das Gefühl, von ihr beobachtet zu werden. Sie greift nach dem ausgeleierten Band und lässt das Rollo runter. Draußen gibt es sowieso nichts zu sehen. Um diese Zeit geht über den Dächern der Nachbarhäuser die Sonne unter und lässt den betonierten Platz davor in den Schatten verschwinden.

Von Zeit zu Zeit sieht man die Zigarette eines Teenagers aufglimmen, manchmal hört man ein heiseres Lachen. Hunderte von Abenden hat Sina hinaus gestarrt und sich vorgestellt wie es sein wird, wenn sie irgendwann mit ihren Freunden da draußen steht, in engen Jeans und mit hohen Schuhen. Doch bis jetzt hat sie niemanden gefunden. In der Schule ist sie die, die nicht zu den Geburtstagen der anderen kann, weil sie kein Geld hat, um ein Geschenk zu kaufen. *Wenn die dich mögen, lassen sie dich auch ohne Geschenk kommen*, sagt ihre Mutter. Aber was weiß ihre Mutter schon vom Leben?

Manchmal liegt Sina nachts im Bett und stellt sich die anderen aus ihrer Klasse vor, wie sie in glitzernden Kleidern mit Bechern in den Händen tanzen, wie die Jungs sie dabei ansehen und wie am Ende des Abends alle irgendwie zufrieden sind.

Sina schluckt und blickt sich orientierungslos im dunklen Zimmer um. Sie wohnt hier mit Marvin, ihrem jüngsten

Bruder und achtet penibel darauf, dass sein Chaos aus Lego und Gameboyspielen auf seiner Seite bleibt.

Lars hat ihr ein eigenes Zimmer versprochen, für den Fall, dass sie zu ihm kommt. Extra für sie würde er sein Arbeitszimmer räumen und all seine alten Spielsachen aus dem Keller nach oben holen. Sina muss lächeln und ein warmes Gefühl breitet sich in ihrem Bauch aus. Sie findet seinen Vorschlag nett, auch wenn sie sich jetzt schon seit fast vierzehn Monaten nicht mehr für Puppen und Teddybären interessiert. Mit dreizehn hat man eben andere Dinge im Kopf.

Sie blickt hinüber zum Fenster und stellt sich die eintönigen Häuserfassaden hinter dem geschlossenen Rollo vor. Sie wohnt schon ihr ganzes Leben im Viertel. Normalerweise haben die Menschen hier nur Augen für sich und scheinen durch alles und jeden anderen hindurch zu blicken. Als wären sie schon tot oder ständig auf der Suche nach etwas, das sie hier nicht finden können. Lars war der Erste, der sie angesehen hat. Freundlich lächelnd hat er ihr beim Schaukeln zugesehen und sie schließlich auf ein Eis eingeladen. Er sagt, dass sie sich ähnlich sind und dass es ihn glücklich macht, Sachen mit ihr zu unternehmen. Dieses Wochenende würde er gerne mit ihr ins Phantasialand, aber nur wenn sie es schafft, bei ihm zu übernachten. Sie müssten früh los, hat er ihr erklärt. Und dass er nicht will, dass ihre Eltern was davon erfahren. Damit es ihnen nicht peinlich ist, dass er sie schon wieder einlädt. Sina versteht das, denn ihre Eltern laden nie jemanden zu irgendetwas ein.

Sina schließt die Augen und stellt sich vor wie Lars lebt. Im Viertel sehen alle Häuser irgendwie gleich aus. Nur der Inhalt unterscheidet sich manchmal. Sina glaubt, dass es bei Lars hell und aufgeräumt ist, dass er teure Möbel hat und dass es frisch riecht und nicht nach Zigaretten und Bier. Sie stellt sich vor, wie sie in der Küche gemeinsam Pizza und Popcorn machen, wie sie Videos

schauen und Cola trinken bis spät in die Nacht. Die Bilder in ihrem Kopf sehen aus wie aus einem Film und sie kann kaum glauben, dass sie so viel Glück hat.
Ihre Mutter weiß, dass sie und Lars sich kennen. Sie haben ihn sogar mal gemeinsam getroffen, als sie gerade vom Lebensmittel holen kamen. Ihre Mutter fand ihn nett und denkt, dass er ihr bei den Hausaufgaben hilft. Er wollte es so, damit sich niemand wundert, dass sie mit einem Erwachsenen befreundet ist. Sie weiß nicht, wie alt er genau ist – auf jeden Fall ist er jünger als ihre Eltern.
Sina stopft ihre Sachen in ihren Schulranzen, dann legt sie das Ohr an das dünne Holz ihrer Tür und lauscht. Der Fernseher läuft noch, außerdem hört sie das leise Klicken der Computermouse. Niemand redet, nur ihr Vater hustet ab und an. Sie fragt sich, ob ihre Eltern wissen, dass sie zu Hause ist oder ob sie denken, sie sei noch unterwegs. Egal. Sie wird sich raus schleichen, um nervigen Fragen und Mutters Alkoholfahne aus dem Weg zu gehen. Später wird sie eine SMS schicken: *Schlafe heute bei Sandra*. Sandra ist ein unauffälliger Name. Ihre Eltern werden glauben, dass es ihre Freundin ist.
Der Aufzug surrt unheilvoll, als würde er jeden Augenblick für immer stehen bleiben. Sina hat Angst stecken zu bleiben und zu spät zu Lars zu kommen. Auch wenn er sie nicht ausschimpfen würde, würde er vielleicht wieder diesen Ausdruck in den Augen haben, wie einmal, als sie sich ein Loch in die Hose gerissen hat. Damals war er bei ihr zu Hause. Er hatte sie von der Schule abgeholt und nachdem er sich vergewissert hatte, dass niemand da war, hatte er sich überreden lassen, sie nach oben zu bringen. Sie hat sich ein bisschen für ihr kleines Zimmer geschämt, aber Lars hat sich wie selbstverständlich auf ihr Bett gesetzt und sich umgesehen. Dann ist sein Blick auf ihr Knie gefallen. Als sie ihm ihre Hose zum Nähen gegeben hat, ist sein Atem ganz schnell gegang-

en, als müsse er sich beherrschen, sie nicht anzuschreien. Sein Blick war glasig und nachdem er sie eine Weile reglos angestarrt hat, ist er im Bad verschwunden. Aber geschimpft hat er nicht. Trotzdem möchte Sina ihn nie wieder so sauer machen und deshalb beschließt sie, die Treppe zu nehmen.
Als sie raus auf den Platz tritt, ist es etwas kühler geworden. Lars' Haus ist ein paar Blocks entfernt und sie genießt den kleinen Spaziergang. Er erwartet sie vor acht, denn er will nicht, dass sie so spät alleine unterwegs ist.
Als sie an den Mülltonnen vorbei kommt, die zwischen den Häuserblocks entlang der Straße aufgereiht sind, hört sie eine vertraute Stimme. Ihr großer Bruder Steve ist immer der Lauteste von allen. Als sie noch Kinder waren, hat er dauernd Streit mit ihr angefangen. Mittlerweile streitet er sich mit anderen. Wenn er mal nach Hause kommt, dann meistens mit blutigen Fingerknöcheln. Sina wechselt die Straßenseite, beschleunigt ihre Schritte und sieht im Vorbeigehen dichte Rauchschwaden aufsteigen. Steve und seine Freunde scheinen sich zwischen den Containern zu verstecken. Sie betet, dass er sie nicht entdeckt, aber es ist zu spät.
„Hey, Sina! Wohin gehste so spät?"
Sina fährt zusammen. „'Ne Freundin besuchen!", stößt sie hervor.
„Aber du hast doch gar keine Freunde!"
Steves Freunde brechen in schallendes Gelächter aus und er selbst lacht am lautesten. Sina schluckt ihre Antwort herunter und beschleunigt trotzig ihre Schritte. Wenn die wüssten. Sie lässt den Blick an Lars' Haus hinauf wandern und sieht sein Wohnzimmerfenster im fünften Stock. Dahinter brennt gemütliches Licht. Sie lächelt. Gleich ist sie da.

Platz 3

Andreas Erdmann

DEIN REICH KOMME

mama, warum / warum kommst du nicht wieder / du hast doch gesagt: alice, warte hier / warte / bin nur mal kurz in der sparkasse drüben / bin nur mal kurz... / kurz... / das hast du gesagt, mama / hebe was geld ab / dann gehen wir beide in den mc donald's / in den mc donald's / hast du versprochen / drum warte hier / hier vor dem lustigen ronald mc donald / der ronald mc donald, ja ha, der ist lustig / und dann bist du über die straße gelaufen / über die breite straße / so breit... / so breite straßen gibt es in wermelskirchen ja gar nicht / bist rübergelaufen zu diesem haus / und durch die tür unten / bist jetzt schon so lange dort drinnen und kommst nicht mehr raus aus dem riesigen haus / so eine riesige sparkasse / in wermelskirchen gibt es ja auch eine sparkasse / doch die ist kleiner / vieel kleiner / hat nur'n paar fenster / aber die sparkasse hier in berlin, die hat tausend fenster / hat tausend augen / denn die fenster, das sind ja augen / und die tür da, das ist der mund / und der mund, der ist groß / und der große mund hat die mama gefressen / er hat sie gefressen! / o bitte, großer mund, bitte, gib meine mama doch wieder her! / warum ist sie denn zu dir gelaufen / hebe was geld ab, hat sie gesagt / dabei meinte sie gestern, haben kein geld / nicht auf der kasse in wermelskirchen und auch nicht auf der in berlin / haben nur schulden / weil... der immermann zahlt nix / obwohl ich mich für ihn krummgemacht habe / weil... der immermann, der ist bankrott / und dein papa zahlt auch nix / warum denn nicht, mama / du machtest nur: hach! und gucktest so traurig / dann aber hast du gelacht: der jäcky, der jäcky wird uns schon helfen / den jäcky, den kanntest du ja aus dem internet / da hast du ihn jeden abend getroffen / auch an dem abend, als dieser furchtbare brief auf dem tisch lag / der brief, in dem stand, dass wir ausziehen müssen / darüber hast du mit jäcky gesprochen / und später kamst zu mir ans bett / gabst mir nen kuss / meine kleine prinzessin, ich packe noch heute die tasche / und morgen früh reisen wir beide zum jäcky / wir reisen ins internet, ma / aber nein, in die große stadt, nach berlin / es wird eine sehr schöne fahrt / aber die fahrt, die wurde nicht schön / erst fuhren wir gar nicht / standen nur lange, lange da vor dem schild an der autobahn / und froren ganz schrecklich / es war ja so kalt / und s' fing an zu schneien / dicke flocken / mehr, immer mehr / bis das auto anhielt und wir einsteigen durften / im auto war's warm / und der opa darin war erst nett / doch er hat viel geredet zu dir / du sagtest immer nur: ja jaja / dann sagtest du: nein / und er wurde böse / er schimpfte / wir mussten raus aus dem auto / rein in den schnee / alles war weiß / oje, der himmel war auf die erde gefallen / wir stapften herum auf dem großen platz mit den lastwagen / bis wir in einem mitfahren konnten / der onkel da drin hat nicht viel geredet / aber gesungen / und die musik von dem radio, die war so laut / als wir aussteigen sollten, war's draußen ganz dunkel / es gab überhaupt keine sterne am himmel / und du bist mit mir durch den schneematsch gegangen / die füsse wurden ganz nass / und die zehen, die taten mir weh / auch der bauch / der war voller hunger / warte ein bisschen / bald gibt's was zu essen, hast du gesagt / oh, war ich froh als wir bei der tür von dem jäcky ankamen / nee, nee, ick jloof, ick spinne / hat der so komisch gesprochen / ick hab ja janich jewusst, datt du ne tochter hass' / jäcky, ich hab dir doch von der alice erzählt / nee, hassde nich / un hab ja man bloß ein zimmer hier / du könntes' ja rein / du, du alleen / ohne die jöre / a- aber jäcky, wo soll sie denn hin / nu wat weeß icke / bring se zur heilsarmee

/ nein, auf gar keinen fall / kannst du mir wenigstens mit ein paar euro aushelfen / nee, kann ick nich / hab man selber nix mehr / is ja ers' mitte des monats un alles schon wech von dem bisken hartzvier / ja, und drauf hin - BUMM! - hat der jäcky vor uns die tür zugeknallt / und du hast noch öfters geklingelt, geklopft / nix da / komm mir nur wieda ohne die jöre / brummte es durch das holz / danach, unten vorm haus hat die mutter bitter geweint / hab kein geld fürs hotel / habe gar nichts mehr / nichts / hast doch mich, deine kleine prinzessin / wollt ich sie trösten / lass den quatsch / komm / ist sie weiter mit mir durch den schneematsch / alles tat weh und war kalt und so nass / doch am tor vor dem kaufhaus war's trocken / puh, war ich müde / bloß, auf den steinen unter dem gitter konnt' ich nicht schlafen / es hat wild getrommelt in meinem bauch / warte, mein kind, bis es hell wird / dann gibt's was zu essen, hat sie versprochen / es wurde auch hell / ja ganz schrecklich hell / das kam von dem licht aus der taschenlampe / security!, sagte der schwarze mann / der hat uns ins gesicht reingeleuchtet / hee du, hat er die mutter laut angeschrien / was hast du denn hier vor dem kaufhaus verloren / mach dich vom acker / unglaublich / legt sich hier hin mit der kleinen / und wir mussten weg / mussten weiter und weiter / an den geschäften mit schaufenstern lang / drin gab's viel zu sehen / puppen, so groß wie die mutti, schaufensterpuppen / mit schönen, flauschigen jacken und mänteln an / und eine riesenkuh, die war lilla / auch ein ganzer berg schokolade / goldene bäume und engel / nikoläuse / weihnachtsmänner / und ich habe sogar das christkind gesehen / in einem schmutzigen stall zwischen tieren / in einem futtertrog drin lag das baby / schau mal, sagte die mama zu mir / das christkind, das ist noch viel ärmer als wir / ich wollte nicht weg von dem baby / aber sie sagte: hast doch so'n hunger / da vorn, der mc donald's, der hat schon geöffnet / komm, lass uns frühstücken / gehen wir hin / ja, und so kam es / so kam ich zu dir / zu dir, lieber clown / und meine mama, du hast es gehört, hat zu mir gesagt, warte hier / hier vor dem lustigen ronald mc donald / und du hast es selber gesehen, lieber ronald, wie die mama dort rüber lief / über die Straße / zu diesem haus / wo sie geld holen wollte fürs frühstück / da war es noch dunkel / nu ist es lang hell und... / jetzt, lieber clown, siehst du das / siehst du / jetzt kommt sie wieder, die mami / kommt aus dem haus raus und geht... / aber nein / neinein / das ist sie doch gar nicht / das ist ja eine ganz andere mami... / die kommt nicht zu mir / sieht du das, du lieber, lustiger ronald mc donald, die läuft nur weiter die straße runter / wie klein sie ist / und wird immer kleiner / und sieh mal, das haus über ihr ist so riesig und hoch bis zu den weißen wolken am himmel / und siehst du, das haus, es hat tausend fenster / hat tausend augen / denn die fenster, das sind ja augen / und die tür da, das ist der mund / und der mund, der ist groß / und der große mund hat meine mama gefressen / er hat sie gefressen / er gibt sie nie wieder her.

Sonderpreis für Nachwuchsautoren

Paula S. J. Maschke

WIEDER NICHT.

Die Tür fiel laut ins Schloss, als Julia aus der Wohnung in den kalten düsteren Hausflur trat. Sie rannte wütend die Treppe hinunter und war froh, als sie endlich draußen war. Sie wurde noch verrückt! Verrückt in dieser engen Wohnung, in der sie das Gefühl hatte, die Wände würden sie erdrücken und in der alles laut war. Jeden Morgen wachte sie von dem durchdringenden Geschrei ihrer jüngeren Zwillingsbrüder und der gehetzten Stimme ihrer Mutter auf. Kaum war sie aufgestanden, war sie wieder im Alltag gefangen. In den letzten Jahren hatte sie immer versucht, es ihren Eltern nicht noch schwerer zu machen, da diese viel Stress hatten. Aber das schien niemand zu merken, wohl nicht deshalb, weil ihre Eltern sie nicht liebten, sondern weil sie gar nicht in der Lage waren, es wahrzunehmen. Morgens war ihr Vater bereits fort. Er arbeitete bis spät abends auf der Baustelle, ihre Mutter blieb zu Hause und kümmerte sich um den Haushalt und Julias Brüder. Trotzdem war es furchtbar chaotisch in ihrer Wohnung. Außer in Julias Zimmer. Dort herrschte, obwohl es winzig war, penible Ordnung. Hierhin zog sie sich zurück, zu ihrem Schlafsofa und ihren geliebten Büchern. Durch die angespannte Situation gab es häufig Streit, zuletzt erst heute Morgen. Julia besuchte die neunte Klasse einer Realschule in Berlin. Gestern hatte ihr Lehrer mit ihnen die Klassenfahrt und deren Kosten besprochen. Julia wusste, dass es teuer werden würde, aber sie hatte sich so darauf gefreut, mit ihren Freundinnen ein Zimmer zu teilen, dass sie sich einfach nicht vorstellen wollte, dass ihre Eltern die Fahrt nicht bezahlen könnten. Doch selbst mit der finanziellen Hilfe von der Schule konnten sie den Betrag nicht aufbringen. „Aber es ist mir wichtig! Ich möchte einmal mit meiner Klasse wegfahren, bitte!", rief Julia aufgebracht, als sie morgens beim Frühstück saßen. „Julia, ich verstehe dich, aber es geht nicht! Die Kleinen sind schon teuer genug und wir bemühen uns, dir ein angenehmes Leben zu machen, aber eine Klassenfahrt ist einfach nicht zu bezahlen!", erwiderte ihre Mutter, während sie einen der Zwillinge fütterte. „Ich zahls euch auch zurück, gebt mir kein Taschengeld, aber lasst mich mit! Ich pass auf Timo und Lukas auf und räum hier auf…!" Ihre Mutter sah erst zu Boden und bedachte sie dann mit einem langen Blick, der von einem Seufzer begleitet wurde. Julia wusste, was dieser Blick bedeutete. Sie hatte ihre Tochter immer so angesehen, wenn sie zu müde war, um zu reden, weil sie keine Lust hatte, das Gleiche noch einmal zu sagen. „Nein, Julia!", fügte sie hinzu. „Ihr könnt mich mal!", schrie Julia, sprang vom Stuhl auf und stürmte aus der Küche. Nun stand sie hier vor der Haustür. Sie hatte ihren Schulrucksack auf dem Rücken und ging in Richtung des kleinen Parks, denn es war noch zu früh, um in die Schule zu gehen. Eigentlich konnte man es nicht wirklich einen Park nennen, es war eher eine Bank in einer kleinen Ansammlung von Bäumen. Sie setzte sich und ließ ihre Tasche auf den Boden fallen. Frustriert schlang sie ihre Arme um die Knie und dachte nach. Sie hatte so eine Wut in sich! Warum sie? Warum musste sie so leben? Warum konnte sie keine anderen Eltern haben, wie die ihrer Freunde, die über die Finanzierung einer Klassenfahrt nicht einmal nachdenken mussten? Sie hatte viele Ziele. Am liebsten würde sie auf das Gymnasium gehen, denn schon seit sie klein war, hatte sie Spaß am Lernen. Ihre Eltern hatten immer mit einem milden Lächeln gemeint: „Julchen, glaub uns, wir waren auch nicht auf dem Gymnasium und wissen, was das Richtige für dich ist." Nein, sie waren auch nicht auf dem Gymnasium gewesen – und was war aus ihnen geworden? Es war bitter, wenn Julia ihre Eltern sah und dachte, dass sie niemals wie sie werden wollte. Doch auch wenn Julia nicht auf das Gymnasium gehen sollte, waren ihre Eltern um ihre Bildung bemüht und hatten ihr zum Beispiel schon in frühen Jahren einen Bibliotheksausweis besorgt. Aber Julia wusste, dass das nicht genügte. Sie wollte ein Auslandsjahr in Amerika machen und nach dem Abitur Journalismus studieren. Gerne wollte sie in fremde Länder reisen, Neues sehen und andere Menschen treffen. Bloß weg von hier! Aber das Gefühl der Hoffnungslosigkeit, das sie mitten in ihren Tagträumen überraschte, verdeutlichte ihr wieder, wer und wo sie war. Sie hatte Angst vor der Zukunft, Angst davor, niemals ihre Wünsche erfüllen zu können und traurig alt zu werden. In der Schule ging es ihr besser, denn dort hatte sie ihre Freundinnen und die gelegentlichen abfälligen Bemerkungen anderer wegen ihrer ständigen Geldknappheit überhörte sie, so gut sie es eben konnte. Aber heute hatte sie Furcht, in die Schule zu gehen und zugeben zu müssen, dass sie wieder einmal nicht mit auf die Klassenfahrt konnte. Ihr schauderte bei dem Gedanken. Sie versuchte sich zu erinnern, ob es vor der Geburt ihrer Brüder anders war. Sie waren zwei und Julia sechzehn Jahre alt. Zu dem Zeitpunkt, als sie also vierzehn war, arbeitete ihre Mutter noch in einem Blumenladen und ihr Vater war öfters zu Hause gewesen. Damals war Julia in der siebten Klasse. – Ach Schule! Wieso sollte sie überhaupt noch hingehen! Sie würde ja doch nie von ihrer Herkunft und Familie loskommen. Sie fühlte sich allein gelassen und unverstanden. Gerne würde Julia Dinge mit ihren Freunden unternehmen, öfters mal ins Kino gehen oder shoppen. Stattdessen trug sie tagelang dieselbe Kleidung und schämte sich, mit ihren abgenutzten Schuhen in die Schule zu gehen. Als sie vor einer Weile um Neue bat, sah ihre Mutter sie nur wieder mit ihrem müden Blick an. Es war ungerecht! Warum musste *sie* so leben, während ihre Klassenkameraden sicherlich nicht reich waren, aber dennoch auf Klassenfahrt konnten. Sie fühlte, dass sie niemals aus ihrem Alltag ausbrechen könnte, er hatte sie fest im Griff. Und so stand Julia auf und schlich niedergedrückt zur Schule, um ihrem Lehrer mitzuteilen, dass sie wieder nicht mit auf die Fahrt konnte.

Birgit Otten

TANNENNADELN UND WILDE ROSEN

Es war einmal, so erzählt man sich, ein kleines Mädchen, das lebte in einer Hütte am Wald. Dort führte ein Weg vorbei zu dem Schloss, das man von ferne sehen konnte. Die Eltern des Mädchens waren arm, seine Mutter oft krank, und der Vater wusste kaum, wie er seine Familie durchbringen sollte. Sie lebten von dem, was ihnen mildtätige Menschen gaben, vom Wald und von Tagelöhnerarbeiten.

Eines Tages brauchte die Mutter wieder einmal Heilung, und es war doch kein Geld da, sie zu beschaffen. Der Vater war fortgegangen und noch nicht wieder zurückgekehrt, und das Mädchen dachte bei sich: „Es geht nicht an, dass ich zusehe, wie es der Mutter immer schlechter geht. Ich will gehen und werde ihr Hilfe holen."

Sie öffnete die Tür und nahm den Weg, der zum Schloss in der Ferne führte, und während sie mit bloßen Füßen wanderte, kam ihr ein Edelmann auf seinem Pferd entgegen. „Herr", sagte das Mädchen und hob den Kopf, um seine prächtige Kleidung zu bewundern. „Meine Mutter ist krank, und wir brauchen Hilfe. Könnt Ihr uns vielleicht Arznei besorgen?"

Der Edelmann schnaubte so wie sein Ross. „Man bekommt nichts geschenkt in dieser Welt. Sei fleißig und verdien sie dir selber."

Und schon war er davon geritten, in einer Wolke aus aufgewirbeltem Staub, die das Mädchen husten ließ. „Fleißig sein", dachte sie bei sich, „das will ich gern, aber noch bin ich ein Kind, und meine Mutter braucht Hilfe."

Als nächstes kam eine rundliche Bauersfrau des Weges, mit einem Esel und Gemüse in Körben, das sie zum Markt in die Stadt bringen wollte.

„Bitte hilf mir", bat das Mädchen auch sie. „Meine Mutter ist krank und wir wissen nicht weiter."
„Gern würde ich dir helfen", sagte die Frau und zerrte an dem Zügel des Esels. „Aber ich habe leider gar keine Zeit, denn man wartet auf mich, ich muss verkaufen."
Und schon war auch die Frau verschwunden.
Das Mädchen lief, bis es müde war, und konnte doch das Schloss nicht erreichen. Da ließ es sich am Wegesrand nieder und weinte, denn es wusste nicht, was es jetzt tun sollte.
Plötzlich war es, als würde der Wind sanft über seinen Rücken streicheln.
„Weine nicht, mein Kind", sprach jemand freundlich gleich neben ihm. Das Mädchen erblickte eine uralte Frau, die sich auf einen hölzernen Stecken stützte. „Deiner Mutter wird geholfen werden."
„Ach, Mütterchen", seufzte das Mädchen verzweifelt. „Nun bin ich schon so weit gelaufen, niemand hat mir helfen wollen. Meine Mutter ist krank. Nun bin ich müde und muss nach Hause ehe es dunkel wird."
„Ich weiß", sagte die alte Frau, und dem Mädchen kam es vor, als ob sie nach Tannennadeln duftete und nach wilden Rosen. „Deswegen bin ich ja gekommen. Hier, nimm diese Kräuter für deine Mutter. Mache ihr einen Tee davon." Mit diesen Worten zog die Alte ein Kräuterbündel aus ihren Röcken und noch dazu einen kleinen Stein, den sie dem Mädchen hinunterreichte. Er fühlte sich glatt an und irgendwie seltsam, als trüge er ein wenig von der Wärme der alten Frau selbst in sich.
„Den Stein lege ihr erwärmt auf die Stirn. Er wird sie stärken und ihr helfen."
„Was ist das?", fragte das Mädchen verwundert. Die alte Frau lächelte. „Es ist Teil von den Knochen der Erde", sagte sie. „Er wird deine Mutter daran erinnern, was die Erde trägt und dass diese Stärke auch in ihr ist."

„Wer bist du?", flüsterte das Mädchen, während es die Gaben vorsichtig entgegennahm.
„Ich achte auf dich", sagte die Alte, „auch, wenn du es selbst nicht weißt. Ich bin der Wald, mit dem du lebst, und der auch ein Teil von dir selber ist."
„Das verstehe ich nicht", bekannte das Mädchen. „Aber ganz sicherlich danke ich dir. Nun werde ich nach Hause gehen, denn der Weg ist noch weit, und man wird auf mich warten."
„Aber nein", lächelte die Alte wieder. „Der Weg ist nicht weit, denn schau, du bist schon daheim. Sieh doch, dort vorn bei den Bäumen steht euer Haus. Lauf hin und tue, wie ich dir geheißen habe."
Das Mädchen rieb sich die Augen, denn das konnte doch nicht sein, aber dort vorn war tatsächlich die Hütte der Eltern. Und als es sich noch einmal zur Alten umwenden wollte, um ihr ein zweites Mal zu danken, stellte es fest, dass die Frau samt Stecken verschwunden war.
„Ich weiß nicht, was dies zu bedeuten hat, doch ich will tun, wie sie gesagt hat", dachte das Mädchen und so geschah es. Bald schon ging es der Mutter besser.
In der Nacht aber träumte das Mädchen einen seltsamen Traum von Tannennadeln und wilden Rosen. In diesem Traum war sie erneut auf dem Weg in die Stadt, doch dieses Mal war sie erwachsen. Und sie wusste, sie würde ihr Ziel erreichen, wenn sie nur an die Kraft in sich selber glaubte. So lange der Traum währte und darüber hinaus.

Lisa Heinemann
GRENZENLOS

Liebe kennt keine Grenzen, sie taucht überall auf und verbindet Menschen, die unter normalen Bedingungen nie zueinander finden würden.

Auch mich traf es ganz unerwartet. Mich, die keiner mochte, denn ich war ihnen ein Dorn im Auge auf diesem Schickaria Gymnasium. Meine Familie war nicht reich. Wir mussten unter der sogenannten Armutsgrenze leben. Ausgesucht hatten wir uns das nicht, waren weder faul noch dumm. Es war das Auf-einanderprallen von verschiedenen Ereignissen, das uns an den finanziellen Abgrund brachte. Ein Arbeitsunfall meines Vaters und die kurz darauf folgende Kündigung meiner Mutter, Dank der Verlagerung der Produktion ins Ausland. Plötzlich fehlte das Geld für Markenklamotten, Ausflüge und das Füllen des Kühlschranks. Ich weiß noch genau, wie ich mich schämte, als wir das erste Mal zur Tafel gehen mussten, weil wir vor Hunger kaum noch klar denken konnten. Heute ist es zur Gewohnheit geworden und ich danke allen, die dieses Essen möglich machen. Aber fehlte es uns auch an Geld, an einem fehlte es uns nie, an Liebe.
Und dann kam der Tag an dem er die Klasse betrat, der Neue, gestylt ohne Ende. Hübsch und unnahbar. Alle Mädchen fielen fast in Ohnmacht, als er den Raum betrat. Auch ich konnte kaum den Blick von ihm lassen, und dass er mit niemandem redete, war für mich nur ein Zeichen seiner Coolness. Niemals hätte ich daran gezweifelt, dass ein selbstbewusster junger Mann im Raum stand, der jede hätte haben können. Eine Liga zu hoch für mich.

Schon wieder eine neue Stadt, eine neue Schule. Ich hatte mich extra mit den neuesten Klamotten ausgestattet, Geld hatten wir ja genug. Meine Eltern waren viel beschäftigte Leute, Workaholics. Dieser Umzug war einer von vielen, ein noch besseres Viertel, in dem noch reichere Leute wohnten und es noch mehr Geld zu holen gab. Die ganze Welt lag uns zu Füßen. Wir waren die obere Klasse, konnten uns alles leisten, mussten keine Rücksicht nehmen. Der Kühlschrank überfüllt und wenn das MHD ablief, wurden die Lebensmittel einfach weggeschmissen. Für das Kochen war unsere Haushaltshilfe zuständig, genau wie für alles andere in der viel zu großen Wohnung. Sie war auch die einzige, die ich jeden Tag sah, sie lächelte immer. Und wenn wir auch alles hatten, von allem nur das Beste, fehlte eines ganz besonders in meinem Leben, Liebe.

Ein neuer Junge in unserer Klasse, Wahnsinn, er war den anderen total überlegen, wirkte stärker, größer, die neusten Klamotten. Klar, dass alle zu ihm aufsahen. Zusammen mit meinen Schickas, saß ich in der letzten Reihe. In dieser Klasse hatte ich das Sagen. Ich glaube, manche hatten sogar Angst vor mir. Gut so! Zusammen mit meinem Vater wohnte ich in einem gut bürgerlichen Viertel der Stadt. Wir konnten uns vieles leisten, wenn auch nicht alles. Wir waren ein kleines Gespann in der Mittelschicht. Konnten wir uns etwas nicht kaufen, wurde es auf Raten angeschafft. Für die Raten reichte das Geld allemal. Mein Vater war ein ganzer Mann. Er liebte sein Feierabendbier, genau wie den Fernseher. Aufpassen musste ich nur, wenn er ein Bier zu viel hatte. Dann konnte es passieren, dass ihm aus Versehen die Hand ausrutschte. Also versuchte ich, ihn nicht zu provozieren...ich hatte alles was ich brauchte...

Der Neue sprach mit fast niemandem, außer mit der armen Tussi. Sie trug Kleidung, die absolut aus der Mode war. Was der wohl an ihr fand? Es hieß, ihre Familie würde bei der Tafel einkaufen.

Er sprach wirklich mit mir, jeden Tag und wir lernten uns langsam kennen. Wir sahen uns nur in der Schule, ich wollte ihn nicht mit zu mir nach Hause nehmen. Vielleicht wäre dann alles vorbei? Es schien mir aber auch so, als ob er mich auch nicht bei sich zuhause haben wollte. Über den gesellschaftlichen Unterschied sprachen wir nie, lebten nur im Moment. Irgendwann küsste er mich, auf dem Pausenhof hinter einem Baum. Mein erster Kuss, meine erste Liebe. Ich war die glücklichste Vierzehnjährige der Welt. Mir war egal, dass die anderen über uns redeten, solange er bei mir blieb. Ich glaube, er brauchte mich mehr, als ich ihn. Manchmal hatte ich das Gefühl, dass er nie genug Liebe bekommen konnte, dass er eine richtige Sucht danach hatte. Dabei hatte er doch alles, was er brauchte. Genug Mahlzeiten, ein Leben im besten Viertel der Stadt.

Sie war ein Lichtblick in meinem Leben, auch wenn sie zur unteren Schicht gehörte. Sie hörte mir zu, sie hatte Zeit, brachte Verständnis auf und liebte ohne Kompromisse. Für sie war ich ein Mensch. Ich konnte sie nicht mit nach Hause nehmen. Wenn meine Eltern wüssten, dass ich mich mit ihr abgab, hätten sie es sofort unterbunden. Hauptsache, den Schein wahren. Elite sein, ohne Rücksicht auf den anderen. Wie ich dieses Leben hasste.

Liebe taucht überall auf und verbindet Menschen, die unter normalen Bedingungen nie zueinander finden würden, sie kennt keine Grenzen.

Karla J. Butterfield
DER ABGRUND

Ein grauer Schleier lag über der Stadt. Aus dem siebten Stock des Plattenbaus in Berlin Neuköln sah die Stadt aus wie in schmuddelige Watte gehüllt. Die fernen Wolkenkratzer glänzten in der aufgehenden Sonne wie geschliffene Diamanten.
Silke lehnte die Stirn gegen die vom Regen und Wind verdreckte Fensterscheibe. Unten schoben die Müllmänner die überfüllten Mülltonnen an den Straßenrand, leerten sie und ließen sie wie hung-rige Mäuler auf dem Bürgersteig stehen. Ansonsten war die Straße leer. Es war noch früh am Morgen. Ein Skinhead in Jogginghose und Lederjacke stand rauchend auf dem schmalen Grünstreifen, der den Parkplatz vom Bürgersteig trennte und betrachtete den Haufen, den sein Hund gerade verrichtet hatte.
Silke umfasste ihren dicken Leib – das Kind bewegte sich nicht. Ihr schauderte. Ich muss zum Arzt, dachte sie. Aus dem Kinderzimmer hörte sie Rufe. Sie beeilte sich. Das Zimmer lag im Dunkeln. Das Wimmern wurde immer lauter, bis es zu einem lauten Schreien anschwoll.
„Pst, pst, Papa schläft noch, sei ruhig", flüsterte Silke, bückte sich und hob das Kind aus seinem Gitterbett. Für einen kurzen Moment wurde das Kind still. Bald aber erhob es seine Stimme zu einem durchdringenden Geschrei.
„Sachte, sachte, du hast Hunger, ich weiß", sagte sie hastig und rannte mit dem Kind auf dem Arm in die Küche, riss alle Schränke und Schubladen auf, zog leere Dosen und alte Kartons heraus. Alles leer. Das wusste sie doch. Warum diese Mühe? Bereits gestern musste die Kleine mit leerem Magen schlafen gehen. Verzweifelt suchte

Silke trotzdem nach etwas Essbarem, das Kind schrie immer fort.

Auf dem Küchentisch lagen eine fast leere Schachtel Zigaretten, ein übervoller Aschenbecher und eine halbvolle Bierflasche. Silke nahm ein Geschirrtuch vom Haken. An einer Ecke machte sie einen Knoten, goss etwas Bier in ein Glas und tunkte den Knoten hinein. Voll gesaugt stopfte sie ihn dem schreienden Kind in den weit aufgerissenen Mund. Das Kind hörte sofort mit dem Schreien auf, klappte den Mund zu und sog kräftig an dem provisorischen Schnuller.

„Na, geht's jetzt besser?", fragte sie und setzte das Kind in den Hochstuhl. Das wird es eine Weile bei Laune halten, dachte sie.

Leise schlich sie ins Schlafzimmer. Ein säuerlicher Geruch von Alkohol und Erbrochenen schlug ihr entgegen. Frank lag angezogen auf dem Bett und schnarchte laut. Silke wich zurück und schloss vorsichtig die Tür hinter sich. Im Flur durchsuchte sie hastig die Taschen seiner Jacke. Bis auf einen durchgebrochenen Bierdeckel fand sie nichts. Sie musste etwas Essbares auftreiben, wenigstens für das Kind.

Im Badezimmer wusch sie sich das Blut vom Gesicht. Das linke Auge verfärbte sich blau und war angeschwollen. Mit etwas Schminke deckte sie den Bluterguss ab, kämmte ihr Haar und befestigte es mit einer Spange am Hinterkopf.

Durch den Türspalt sah sie das Kind zufrieden an dem Stoffschnuller lutschen. Sie nahm den Schlüssel vom Bord und schlich sich aus der Wohnung. Im Aufzug war es heiß und stickig. Jemand hatte die Wände mit Graffiti bemalt. Nackte Frauen, Hakenkreuze, Peace-Zeichen. Auf dem Spiegel stand mit Edding geschrieben: „Du Huhre."

Im dritten Stock angekommen drückte sie auf den STOPP-Knopf. Die höheren Stockwerke waren tabu,

dort war sie schon in den letzten Wochen gewesen.
„Yussef" stand an der Tür ganz links. Sie klingelte. Eine korpulente, schwarz gekleidete Frau stand in der Tür.
„Ich habe meine Geldbörse verloren. Ich wohne hier im siebten Stock. Könnten Sie mir etwas Geld borgen. Meine Kinder…"
Die dicke Frau schaute sie verständnislos an: „Ich nicht verstehn."
„Etwas Geld, zu Essen." Silke streckte die offene Hand aus.
„Du keinen Mann?", fragte die Frau.
„Doch, aber er ist krank."
Die Frau ächzte, gab Silke zwei Euro und schloss die Tür, bevor Silke Danke sagen konnte. Nebenan bei „Seidler" machte niemand auf. Die nächste Tür wurde ihr vor der Nase zugeschlagen. Doch nach einer Dreiviertelstunde hatte sie einige Euro zusammen.
Sie eilte zum nächsten Supermarkt, das Ziehen im Rücken ignorierte sie. Das Geld reichte für Kindernahrung, Konfitüre und Brötchen, die Kaffeetüte steckte sie in die Tasche ihrer Jacke.
In der Wohnung war es noch still. Sie machte dem Kind seine Milch, kochte Kaffee, stellte eine Vase mit welken Blumen auf den Tisch, deckte Teller und Becher dazu. Dann zündete sie eine Kerze an. Alles sah gut aus.
Wenn Frank aufwacht, wird er sich sicher freuen. Sie werden zusammen frühstücken wie eine glückliche Familie. Er wird versprechen, dass er sich bessern wird, mit dem Trinken aufhört, sich Arbeit sucht. Wenn sich nur endlich das Baby im Bauch bewegen würde. Was hatte sie denn falsch gemacht? Warum macht sie ihn immer so wütend? Gestern schlug er so fest zu, dass sie mit dem Bauch gegen die Tischkante knallte.
Sie wird ihn im Türrahmen stehen sehen.
„Ich habe Frühstück gemacht", sagt sie dann.

Er geht auf sie zu, kniet sich vor sie hin und lehnt den Kopf gegen ihren Bauch, Tränen laufen über seine Wangen. „Verzeih mir", flüstert er.
Sie würde es tun. Sie würde ihm verzeihen.
Dann aber stellt sie sich vor, wie er im Türrahmen steht, verkatert, mit aufgedunsenem Gesicht und Wut in den Augen. Er wird sich an den Tisch setzen und wie ein Schwein den Kaffee schlürfen. Bei dem ersten falschen Satz von ihr, wird er ihr die Tasse an den Kopf werfen, mit einem Ruck das Geschirr vom Tisch fegen, er wird….
Die Angst schnürte ihr die Kehle zu. Sie bekam keine Luft, alles drehte sich. Sie hörte das Kind im Kinderzimmer weinen und die Tür zum Schlafzimmer aufgehen.
Sie riss das Fenster auf, frische Luft strömte ins Zimmer. Sie hörte die Klospülung. Das Herz drohte, ihre Brust zu sprengen. Sie beugte sich aus dem Fenster und atmete tief ein. Jetzt war sie ruhig. Die Badezimmertür fiel mit einem Knall zu. Die Handtuchha-ken an der Innenseite schlugen gegen das Holz. Sie schaute nach unten und sah eine schwarze Katze um eine Ecke huschen. Ihr Herz beruhigte sich, sie atmete die kühle Luft ein, lehnte sich gegen das Fenstersims und ließ ganz sachte ihren schweren Rumpf nach vorne fallen. Das Gewicht ihres Leibes riss die Beine nach oben. Bevor sie auf dem harten Pflaster aufschlug, spürte sie einen heftigen Tritt gegen die Innenseite ihres Bauches.

Sylvia Mandt
DAS MÄDCHEN VON NEBENAN

So groß bin ich bald, siehst du?
Dann werde ich diese Tür öffnen und hinausgehen in die Welt.
Schön werde ich sein. Die feinsten Kleider tragen. Alle, die mich sehen, werden mich bewundern. Die jungen Männer wollen mit mir zum Tanzen gehen. Ich aber, ich werde nur mit einem tanzen, dem Größten und Schönsten. Er trägt eine Uniform mit goldenen Knöpfen. Ich glaube, er ist ein Prinz. Seine Augen werden leuchten wie meine. Und wir werden heiraten und immer glücklich sein.

Nicht so wie Mama und Papa.
Sie streiten viel, weißt du, und schreien sich an. Papa knallt dann die Tür zu und geht hinunter zum Wirtshaus. Wenn er im Dunkeln zurückkommt, poltert er laut und macht uns alle wach. Mama schimpft ihn aus, und dann wird er ganz wütend. Einmal hat er sie geschubst und sie ist die Treppe hinunter gefallen.
Wir Kinder haben ganz viel Angst gehabt.

Mama ist immer so fleißig. Wir sind aber auch wild, machen uns schmutzig und zerreißen unsere Kleider beim Spielen und Klettern. Und Hunger haben wir! Dann gibt es Suppe. Mama sagt, wenn Papa bald keine Arbeit mehr haben wird, wird sie noch dünner sein, die Suppe.

Aber bald, weißt du, wenn ich so groß bin, wie ich es dir gerade zeige, und wenn ich schön bin und reich und eine Prinzessin, dann wird das ganze Dorf feiern.
Und meine Mama ist die glücklichste Mama der Welt!

Bärbel Ludwig
DIE KLEINE MAUS

„Hallo, kleine Maus!"
Zwei tiefbraune Augen blickten mich erstaunt und wie aus einer anderen Welt kommend an. Sie mochte gerade in die Schule gekommen sein, sah etwas verloren aus, wie sie in Kleidern, die ihr viel zu groß, geflickt und abgetragen waren, auf der Straße saß und mit Steinen, die sie im Dreck fand, ganz versunken spielte. Zwischendurch wischte sie sich die struppigen Strähnen ihres blonden Haares aus dem verschmutzten Gesicht. Dieses Geschehen rührte mich auf seltsame Weise an.
„Hallo", kam ihr helles Stimmchen zurück. Sie lachte mich nicht an, sah nur erstaunt hoch, ungläubig, dass mein Gruß ihr galt.
„Ja, dich habe ich gemeint! Was spielst du? Kann ich mit dir spielen?"
Das Staunen wich einem Misstrauen. Ihre Augen fragten mich: „Was willst du von mir?"
Sie blieb sitzen, aber ihr Körper strebte von mir fort. Ich setzte mich etwas abseits von ihr – ungeachtet meiner Bürokleidung – auf die Erde, suchte mir kleine Steine und legte sie zu einem Kreis. Dabei wurde ich ganz genau beobachtet. Ich spürte ihre vorsichtig wachsende Neugier.
Ich fuhr fort, kleine und größere Kreise zu formen, immer darauf achtend, dass sie rund wurden. Den letzten Kreis legte ich bewusst zu einem Oval.
„Das ist nicht richtig!", fuhr es aus ihrem Mündchen. Sie erschrak über ihre Offenheit und verkroch sich wieder in sich zurück. Für diesen Tag fand unsere Begegnung ein Ende.
In den nächsten Tagen suchte ich nach meiner Bürotätigkeit wieder dieses kleine Wesen zu treffen. Aber es saß

nicht an seinem Platz. Er war leer. Ich blieb eine Weile um mich guckend stehen und ging dann langsam fort mit einer enttäuschten Sehnsucht im Herzen. Warum habe ich sie nicht nach ihrem Namen gefragt, warum nicht nach ihrer Adresse?

Heute war der Tag im Büro lang gewesen. Ich verspürte eine innere Unruhe und wusste nicht warum. Es drängte mich fort. Draußen holte ich tief Luft, schaute mit geschlossenen Augen die Sonne an und atmete tief durch. Schnellen Schrittes machte ich mich auf meinen Heimweg.
Nach einer Wegbiegung blieb ich wie angewurzelt stehen. Mein Herz klopfte vor Freude. Da saß meine kleine Begegnung wieder am Straßenrand. Der kleine Körper sprengte fast das viel zu enge Kleid, die Füßchen waren nackt und schmutzig. Ihr blondes Haar endete in zwei sorgfältig geflochtenen Zöpfen. Sie spielte nicht, sondern hielt wartend Ausschau. Als sie mich sah, lächelte sie mich vorsichtig an.
„Hallo, kleine Maus!" rief ich erfreut. Ich streckte ihr meine Arme entgegen. Sie stand auf, ging erst zögerlich auf mich zu, lief aber dann – ihre Freude nicht mehr verbergend – in meine Arme. Ich drückte sie vorsichtig an mich. Sie nahm mich an die Hand und zog mich wortlos mit sich.

Plötzlich standen wir vor einer kleinen, ärmlichen Hütte. Eine schmächtige Frau stand wartend davor und lächelte uns Ankommenden entgegen.
„Danke, dass Sie Zeit haben. Ich wollte Sie kennen lernen. Bienchen sprach nur noch von Ihnen. Kommen Sie herein."
Das Mädchen sah zu mir auf. Ihre braunen Augen betrachteten mich ängstlich.

„Ja, ich freue mich bei Ihnen zu sein." Bienchen drückte vorsichtig meinen Arm. Ich war berührt von ihrer Zuneigung.
Welch eine Armut drückt das Äußere dieses Kindes aus – welch ein Reichtum sein Wesen.
Ich streichelte sanft über ihr Haar und betrat mit ihr die Hütte.

Von diesem Tag an begegneten wir uns jeden Tag.

Elke Gold

DENN WER DA HAT, DEM WIRD GEGEBEN WERDEN, DASS ER FÜLLE HABE...

Delia hört nicht hin. Das dumpfe Klopfen verhallt im weitläufigen Haus. Sie ist vertieft in ihr Spiel. Ihr Held steht gerade seinem gefährlichsten Feind gegenüber. Der Drache versucht, den wackeren Kämpfer mit seinem Dornen besetzten Schwanz von der Brücke zu fegen oder mit Feuerkugeln um sein letztes Leben zu bringen. Angespannt verkrampfen sich Delias Finger, ihre Schultern und auch der Magen. Sie hätte wohl hören können, aber das Haus ist jetzt ganz still. Egal, gleich ist der Drache überwunden. Nur noch ein Treffer und – sie hat gesiegt. Es ertönt Musik und es gibt ein Feuerwerk.

Das Türschloss macht ein ungewohntes, befremdendes Geräusch beim Öffnen und beim Schließen. Seit einem Monat wohnt die Familie in diesem Haus. Es ist so viel größer als die kleine Wohnung, in der sie davor gewohnt haben, dass man darin manches Mal verloren ist. Hier hat Delia sogar ein eigenes Zimmer. Oma hat ihr Schlafzimmer gleich nebenan. Der Rest der Familie wohnt im oberen Stock. Die Mutter und die Großmutter reden aufgeregt miteinander, während sie durch das Wohnzimmer immer näher kommen. Delia versucht, schnell noch einzuschlafen. Aber ihr Herz trommelt. Während sie sich hastig die Decke bis zum Hals zieht, steht die Mutter schon mit einem kaum zu deutenden Blick in der Tür zum Kinderzimmer und stellt ihre Tochter zur Rede.

Immer wieder beteuert Delia mit ihrem eigentümlich zarten Stimmchen, sie hätte nichts gehört. Gar nichts. Nein, auch keine Rufe. Sie wollte doch schlafen. Ja, und dann hat sie gespielt. Das Spiel ist immer sehr laut. Hör doch mal selbst! Oma zetert aus dem Wohnzimmer.

Sie telefoniert bereits. Informiert wohl den Vater. Die Mutter wird bleich. „Warum hast du das nur getan, Delia? Warum nur?" Jetzt wird Delia bleich. Und mit den Worten „Wie ich mich für dich schäme!" stürzt Mama aus dem Zimmer. Drinnen sind die Tapeten gelb und der Teppich rosa. Armins alter LCD-Fernseher steht auf dem Boden unterm Fenster. Er funktioniert noch nicht. Papa hatte noch keine Zeit und Delia kein Kabel. Aber das macht nichts. Man kann ja in Armins Zimmer fernsehen, solange er nicht da ist, oder im Heimkino.

Nora und Carmen sagen immer wieder, wie unfair das Leben in dieser Familie sei und wie eigenartig Armin mit seinen Selbstgesprächen und verschleierten Blicken eigentlich ist. Die Freundinnen wollen lieber, dass Delia zu ihnen zum Spielen kommt. Dort sind sie frei. Carmen hat den merkwürdigen Bruder noch nie angesprochen. Aber das ist ihm noch nicht aufgefallen. Er kann nicht mit anderen Kindern. Denn er weiß nur die Erwachsenen zu begeistern. Vor allem Oma.

Oma. Oma hat Delia gestern beschuldigt, sie hätte Armins Eislaufschuhe zu den Mülltonnen gestellt, um ihn wieder zu ärgern. Delia darf aber das linke Bein nicht belasten. Knöchel gebrochen. Seit zwei Wochen verbringt sie deshalb nun schon ihre Vormittage einsam in ihrem Zimmer, allein mit Oma, während der Rest der Familie außer Haus ist. Und dann war Oma vorhin weggegangen. Was weiß man schon wohin. Und erst mit Mama wieder nach Hause gekommen. Sie sagen, sie wäre vor einer Stunde hinausgegangen. Zu den Mülltonnen, etwas nachschauen. Die Türe hat ihr Einklinkgeräusch gemacht und Oma hätte immer und immer wieder geklopft. Mit Armin wäre das nicht passiert. Behaupten sie. Nie im Leben hätte er die hilflose Frau aus dem Haus gesperrt und in der Eiseskälte stehen lassen. Alle sind entsetzt. Alle Erwachsenen. Oma bekommt sicher noch eine Lungenentzündung. Sie hat ja schon

Diabetes. Armin bekommt noch eine neue Konsole. Er hat schon das Kabel. Delia bekommt rasende Wut. Sie hat Trostlosigkeit.

…WER ABER NICHT HAT, VON DEM WIRD AUCH GENOMMEN, WAS ER HAT.

Jonas hat in der Schule davon gehört. Delia soll die alte Hexe nicht ins Haus gelassen haben und die hätte sich fast den Tod geholt. Denk bloß! Während er im Bus die Karten ordnet, die er in der Pause an Armin, diesen Trottel, verkaufen will, denkt er darüber nach, wie ungerecht doch alles ist. Jeder hat Delia gern. Ja, er selbst, Jonas, sitzt in der Schule sogar neben ihr. Als einziges Mädchen war sie zu seiner Geburtstagsfeier eingeladen gewesen.
Die Oberleitners behandeln ihre zweite Tochter so, als wäre sie ihnen aufgebürdet worden, dabei kann sie ja nichts dafür, dass sie dort gelandet ist. Er hätte an ihrer Stelle genau so gehandelt. Die Alte hat das verdient. Jonas ist sich sicher, dass Delia sich, genau so wie er, eine andere Familie wünscht. Jonas Mama ist lieb und er will sie auch nicht eintauschen müssen. Aber er versteht nicht, warum sie nicht dafür gesorgt hat, dass mehr Geld da ist, bevor sie ein Kind bekommt. Und der Papa? Dem muss man sogar noch Geld borgen, damit er seine Schulden bezahlen kann.
Die Eltern sind niemand. Sie haben nichts und sie wissen nichts. Die Mama hat Kunstgeschichte studiert. Stell dir vor! Wer soll davon leben können? Darum muss sich ein findiger Bursche selbst um sich bemühen, wenn er schon nichts vorzuweisen hat. Armin hingegen hat was vorzuweisen: Einen Vater, dem ein Taxiunternehmen gehört und 50 Euro Taschengeld in der Woche! Spiele

extra, die bekommt er von der Oma. Wie ungerecht ist das denn? Armin, dieser Trottel. Der braucht das viele Geld ja gar nicht. Der hat überhaupt keinen Sinn dafür. Er wird tatsächlich 20 Euro für eine Karte zahlen, die echt nichts wert ist. Selber schuld, wenn er sich abzocken lässt. Jonas ist das nur recht.

Seine Mama lacht manchmal über ihn, weil er, wie sie sagt, ein richtiger Materialist ist. Sie wundert sich darüber und fragt sich, wo er das nur her hat. Jonas findet es logisch, dass er so einer geworden ist, schließlich können ihm seine Eltern nichts geben und alle anderen Kinder haben mehr als er. Von „Gutsein" hält Jonas mittlerweile nichts mehr. Auch in Star Wars ist die dunkle Seite viel mächtiger und zudem auch viel cooler. Menschen, die Geld haben, sitzen auch nicht, so wie Mama, in Schwitzhütten und vertreiben sich mit Gesängen ihre Zeit. Darüber kann Jonas nur mehr lächeln. Menschen, die jemand sind, haben gar keine Zeit für lächerlichen Kram und behandeln die anderen auch so: Abgebrüht.

Jonas lässt Armin ausrichten, er hätte sich in der großen Pause am Klo einzufinden. Er soll sein Geld aber ja nicht vergessen. Armin ist pünktlich. Jonas hält sich während der wortkargen Verhandlungen gut. Er kassiert mehr als er sich für das ganze Deck erhofft hat und verlässt grußlos die Toilette. Was Erfolg ausmacht, darüber weiß Jonas jetzt Bescheid und er wird all seine Zeit darauf verwenden, welchen zu haben. Vielleicht wird er sich wieder einmal an die Freude erinnern, die man haben kann.

Katja Hoffmann

KINDERARMUT – GUTBÜRGERLICH

Catharina mochte die warmen Holzvertäfelungen des Lokals, die mit den Jahren dunkler geworden und die Farbe von Waldhonig angenommen hatten. Sie umgaben sie von Kindheit an. Bodenständig war die Atmosphäre, die Küche war gehoben. Darauf war man stolz. Sie hatte schon als kleines Kind immer wieder mal beim Abservieren geholfen. Die Gäste waren entzückt von dem emsigen Knopf und steckten ihr lächelnd eine Münze zu, Schilling waren das noch gewesen. Der Vater schenkte ihr eine Spardose, die sie eifrig befüllte und immer wieder prüfend schüttelte. Das Scheppern der Geldstücke erfüllte sie mit Stolz.

Der Vater hatte das Lokal früh geerbt und als dann die Mutter geheiratet wurde, da brachte sie einiges Vermögen in die Ehe mit ein. Man baute um, baute aus, erweiterte das Sortiment, erreichte neue Kundenschichten. Die anderen Wirtsleute des Ortes sahen das mit Missfallen. Was man sich denn einbilde? Dass man ein Restaurant sei? Allein die Glastür beim Eingang, viel zu protzig. Und wozu braucht ein einfacher Heurigen Toiletten mit gemauerten Zwischenwänden? Bei den meisten Lokalen musste man dazu noch durch den Garten gehen und froh sein, wenn man die Tür ordentlich verriegeln konnte. Na reicht doch. Es ließen sich auch nie Ortsansässige blicken, die meisten Gäste kamen aus den umliegenden größeren Städten.

Catharina wusste, dass der ganze Ort über ihre Familie herzog, aber bei ihren Klassenkollegen war sie beliebt. Sie hatte immer die größte Jause mit und oft gab sie davon etwas ab. Außerdem hatte sie viel Geld. Und ein freundliches Wesen. Was sie an Trinkgeld bekam, das sparte sie, aber ihre Oma war sehr gut betucht und schenkte ihr

Geld, jedes Mal wenn sie sich sahen. Das war in der Regel am Sonntag, da kam sie ins Lokal und nahm sich Essen nach Hause mit, das sie immer voll bezahlte. Einen Schein bekam Catharina nur dafür, dass sie sich sahen, einen weiteren, weil sie so brav in die Kirche gegangen war und noch einen, wenn sie der Oma den Korb mit Essen zum Auto trug, worum sie sich jedes Mal riss. Da hatte sie also immer viel Geld zur Verfügung und sie nutzte es, um ihre Schulkameraden auf ein Eis einzuladen. Als sie älter wurde ging sie in den Freistunden gerne mit ihren Freundinnen einkaufen. Ihre Mutter lachte einmal:

„Ich brauche mir gar keine Kosmetik mehr zu kaufen, meine Cathi hat von allem so viel, allein fünf Deos glaube ich, das brauche ich auf, sonst steht´s nur herum. Geh Cathi, geh doch zu Allerheiligen mit der Oma auf den Friedhof, die freut sich. Na, ich bin neugierig, was sie dir dafür zahlt! Magst noch was essen?" „Nein danke Mama, ich bin heute nicht so hungrig." Sie hatte im Vorbeigehen in die Schale mit gerösteten Mandeln gegriffen und oben in ihrem Zimmer hatte sie sich bereits etwas von dem Schokoladekuchen beiseite geschafft. Den wollte sie essen, wenn der Nachhilfelehrer weg war.

An einem Sonntagmorgen kam sie in die Küche, um sich von der Mutter zu verabschieden, bevor sie in die Kirche ging. Sie hatte sich extra schön gemacht, für die Kirche und für sich. Sie hatte sich geschminkt, trug einen Rock, knielang freilich, Seidenstrümpfe und ihre ersten hohen Schuhe, auf denen sie noch eher unsicher einher wankte. „Fesch Cathi, sehr schön!" Beifälliges Raunen seitens der Küchendamen, sie hatten das Mädl gern. Viele kannten sie, da war sie noch im Bauch der hochschwangeren Chefin, die bis zum Tag ihrer Niederkunft im Geschäft stand. Die die damals schon dort waren, erinnerten sich an die Aufregung dieses Abends, das Kind hatte sich

nicht gedreht, man musste notoperieren. Wenn Mutter und Tochter nicht da waren, warfen sie sich mitleidige Blicke zu.
„Sie möchte so gerne schön sein, aber da müsste sie sich eben ein bisschen zusammenreißen."
„Der Vater schämt sich für sie, weil sie so dick ist. Das habe ich ihn letztens sagen hören."
„Pffff." Und Kopfschütteln.
Sie ging nun bereits in den dritten Jahrgang einer Tourismusschule und hatte Schwierigkeiten zu folgen. Oftmals hatte sie den ganzen Tag Schule und wenn sie nach Hause kam, ging sie oft direkt ins Geschäft. Am Anfang lobten die Eltern sie, weil sie arbeitete wie eine Erwachsene. Sie half in der Küche bei der Vorbereitung der Gerichte, stand an der Bar und schenkte Getränke aus, manchmal servierte sie auch die Tische ab. Sie wusste, dass sie ihren Eltern damit ersparte eine weitere Arbeitskraft einzustellen, und das freute sie sehr. Aber wenn man ehrlich war, war das ja auch ihr Lokal und sie lebte sehr gut davon. Es war höchste Zeit auch etwas dazu beizutragen. Zumal man so viel Geld ausgeben muss für ihre Nachhilfestunden. Weil sie ja im Unterricht nicht mitkommt. Man sei ja bereit einzusehen, Französisch ist schwer. Aber auch Mathematik, Rechnungswesen, Wirtschaftsinformatik? Ob sie sich nicht genug konzentriere?
„Du kannst dir an einem Feiertag doch nichts mit deinen Freundinnen ausmachen, mitten im ärgsten G´schäft! Wieso bist du nach der Schule nicht gleich nach Hause gekommen? Du kannst nicht einfach so ins Café gehen, wenn wir hier alle absaufen. Hast du wirklich schon genug gegessen? Geh, das ist heute schon das zweite Glas, das dir runterfällt. Das kostet ja alles ein Heidengeld! Möchtest du heuer wieder aufs Abnehmcamp? Meine Prinzessin! War´s schön in der Schule, geh, bring mir das geschwind auf den Siebener-Tisch. Jetzt nicht, es ist grad die Hölle los. Zieh dir was Ordentliches

an und hilf ein bissl mit. Was wünschst du dir zu Weihnachten? Pass doch auf! Vielleicht probierst du´s mal mit den Weight Watchers, da war gestern eine Kundin da, ein Tschechentrampel, aber die schwört drauf und die war wirklich schon mal dicker. Dabei hat sie ja schon einen Mann. Der hält sie aus, die sind ja da alle gleich. Hast du wieder Knieschmerzen? Ja ja, das Alter, du wirst auch bald einmal sechzehn! Na komm, lach doch auch mal mit. Hmmm….Was? Warum hast du eigentlich noch keinen Freund? Wir streiten nicht, wir diskutieren. Wenn du achtzehn bist, dann schenken wir dir ein Auto."

Margit Kröll
GARTENHAUS

Eigentlich sollte ich glücklich sein, denn ich werde von meiner Mutter geliebt. Eigentlich sollte ich als Kind keine Sorgen haben. Eigentlich sollte ich mich nur auf die Schule konzentrieren müssen, aber das ist nicht so. Ich habe keine Freunde. Vielleicht liegt es an mir, aber ich denke, es ist wegen den anderen. Ich kann es einfach nicht ausstehen, wenn ich angestarrt werde. Ich mag es auch nicht, wenn mir doofe Fragen gestellt werden. Ich bin anders als die anderen, das weiß ich und das wissen die anderen. Dabei habe ich dieselbe Hautfarbe wie alle anderen. Warum starren nicht alle auf Ilse? Sie trägt als einzige in der Klasse eine Brille. Ich habe auch keine Brandnarbe im Gesicht wie Georg. Oswald hat die größten Ohren, die ich je gesehen habe. Auch das veranlasst die anderen Kinder nicht dazu, ihn anzustarren. Nein, ich habe zum Glück auch keine Behinderung, wie der Bruder von Tamara. Ich wohne nur in einem kleinen Gartenhaus, zusammen mit meiner Mutter. Das ist ungewöhnlich, ich weiß, aber besser, als irgendwo ohne Dach über dem Kopf schlafen zu müssen. Wir teilen uns eine Matratze. Ich bin stolz darauf, schließlich lagen wir vor vier Wochen noch auf dem harten Holzboden. Ich hatte die Matratze auf dem Heimweg zufällig vor einem Haus entdeckt. Die wollten das gute Ding doch tatsächlich wegwerfen! Genauso wie einen Schreibtisch, ein Regal und einen Stuhl. Schnell war ich nach Hause gerannt und hatte meiner Mutter von meinem Fund berichtet. Seitdem leben wir schon ein bisschen besser als vorher. Ich kann nun auch die Hausaufgaben sitzend erledigen und nicht auf dem Boden liegend. Meine Zähne putze ich mit dem Finger. Zahnbürste besitzen wir beide keine. Einmal in der Woche wasche ich mich in dem kleinen

Bach. Der ist aber sehr kalt, deshalb weigere ich mich oft. Der Besitzer dieses Gartenhauses lässt uns nur hier wohnen, weil Mama dafür den Rasen mäht und sich um die Pflanzen kümmert. Wir dürfen auch die Früchte von den Bäumen essen, da es für einen Mann alleine viel zu viel wäre. Mama ist schon seit ein paar Jahren arbeitslos. Vorher hatten wir eine richtige Wohnung mit Fernseher, Kühlschrank, WC, Dusche und vielem mehr. Von diesem Luxus können wir nun nur träumen. Meine Hose ist mir mittlerweile viel zu klein. Zum Glück wird es Sommer, da stört es mich nicht, wenn sie nicht ganz hinunter reicht. Nachdem ich nicht zunehme, passen sie mir um den Bauch noch gut. Mama hat mir die Haare vor ein paar Wochen ziemlich kurz geschnitten. So geht das Haare waschen viel schneller und wir können zusätzlich Shampoo sparen. Zur Jause habe ich meistens Früchte aus dem Garten mit. Die schmecken gut und sind gesund. In eine alte Trinkflasche fülle ich mir immer Wasser. Ich brauche keine süßen Säfte, wie meine Schulkollegen. Mir reicht Wasser vollkommen. Noch kann ich mich im Garten bedienen, aber ich weiß nicht, was ich wir machen sollen, wenn der Herbst kommt und alle Früchte weg sind. Im Winter blüht nichts mehr. Ich kann mich dann auch nicht mehr im Bach baden und ohne Heizung wird es im Gartenhaus viel zu kalt sein.
Ich hasse es, wenn meine Schulkollegen jammern. Meistens geht es um Dinge, die sie eigentlich gar nicht bräuchten. Matthäus ärgert sich über seine Eltern, weil sie ihm kein neues Computerspiel kaufen, dabei haben sie doch ein tolles Haus. Er hat ein eigenes Zimmer, er bekommt täglich warmes Essen und braucht sich über den Winter keine Gedanken machen.
Silvia klagt, weil sie im Sommer nicht dorthin in Urlaub fahren, wo sie will. Was hat sie denn? Sie macht mit ihrer Familie zusammen Urlaub, ist das nicht schon Geschenk

genug? Wir können nur davon träumen mit dem Bus zu fahren, das können wir uns leider nicht leisten.
Jana wirft ihren Eltern vor, sie hätten sie nicht genug lieb, weil sie kein Haustier bekommt. Wir haben genug Haustiere. Ameisen, Asseln, Spinnen teilen sich mit uns das Gartenhaus. Obwohl Mama täglich alles hinaus fegt, sind am nächsten Tag wieder genug Tiere drinnen.
Konrad will ein neues Fahrrad, weil er das alte schon zwei Jahre hat. Dabei ist es doch wie neu. Ich wäre schon froh, wenn ich ein altes Fahrrad hätte.
Jeder behauptet von sich, am schlimmsten dran zu sein. Ich erzähle nichts von mir, denn ich finde das geht niemand was an. Ich bin vielleicht nicht ganz glücklich, aber ich habe eine Mutter, die mich liebt und die ich liebe. Ich lebe von heute auf morgen, an die weitere Zukunft will ich nicht denken, dann geht es mir auch gut. Mich macht es nur traurig, wenn ich wegen meiner zu kurzen Hosen geärgert werde, oder wegen meiner Frisur, die ein bisschen asymmetrisch ist. Genauso weil ich seit zwei Jahren immer dieselbe Kleidung habe und nie etwas Neues anziehen kann. Oder weil ich bei Ausflügen nicht mitfahren kann. Auch machen sich viele über meine Schultasche lustig. Es ist eine Einkaufstasche aus Stoff, die ich rein zufällig irgendwo gefunden hatte. Sonst müsste ich meine Hefte, Bücher und Schreibsachen in eine Plastiktüte packen.
Ja, so lebe ich momentan. Ich bete jeden Tag, meine Mama soll wieder eine Arbeit finden, damit wir den Winter überstehen können. An Urlaub, Spiele, Fahrrad will ich gar nicht denken. Ich will für meine Mutter und mich einfach ein warmes Zuhause, jeden Tag etwas zu essen, ein eigenes Bett und Dusche mit WC und ich wäre das glücklichste Kind auf der ganzen Welt.

Diandra Linnemann

DIE ANDERE MUTTER

Es waren einmal zwei Geschwister, die waren so bitterlich arm, dass sie beschlossen, ihre Eltern im Wald auszusetzen.
„Wenn wir Mutter und Vater aussetzen, sparen wir eine Menge Geld, welches sie sonst für Zigaretten ausgeben", sagte der ältere Bruder.
„Wenn wir Mutter und Vater aussetzen, reichen unsere Vorräte länger, denn wir essen viel weniger als die Erwachsenen", sagte die jüngere Schwester.
Sie führten ihre Eltern in den dunklen Wald und sagten ihnen, dort gebe es eine neue Arbeitsbeschaffungsmaßnahme, und als die Eltern müde wurden und einschliefen, liefen die Kinder schnell nach Hause.
„Jetzt sind wir ganz alleine verantwortlich", sagte der Bruder. Aber er hatte keine Angst, denn er wusste genau, wie man die Mikrowelle bedient, und die Frau aus dem Laden an der Ecke kannte ihn gut von all den Tagen, an denen er für die Eltern Zigaretten geholt hatte.
Als es dunkel wurde, bekam die Schwester Angst, denn ohne das vertraute Fernsehergeräusch aus dem Wohnzimmer war es still und unheimlich in der Wohnung. Also setzte der Bruder sich zu ihr und erzählte ihr Geschichten von Helden und Drachen, bis sie einschlief und friedlich träumte. So vergingen die Tage, und die Kinder gingen nicht zur Schule, sondern hielten gemeinsam die Wohnung sauber und hatten einander lieb.
Am dritten Morgen, als der Bruder mit schlafverklebten Augen aus dem gemeinsamen Schlafzimmer kam, stand eine fremde Frau in der Küche und buk Pfannkuchen. Sie strahlte über das ganze Gesicht. „Guten Morgen! Hast du gut geschlafen? Es gibt Frühstück!"

Dem Bruder knurrte der Magen, aber er war misstrauisch. „Wer bist du?"
„Ich? Ich bin eure andere Mutter. Von jetzt an wird es euch an nichts mehr fehlen. Und jetzt geh und weck deine Schwester, die Pfannkuchen werden kalt."
Die andere Mutter war wunderschön, aber sie sah genau so aus wie die Mutter, die im Wald eingeschlafen war. Sie war immer freundlich und schimpfte nie. Sie wusste, wie man Toast mit Herzen drauf machte, und ließ die Kinder spielen, während sie die Bücher sortierte.
„Wenn wir ganz brav sind, kriegen wir dann auch einen anderen Vater?", fragte die Schwester.
Die andere Mutter lachte. „Wer weiß?"
Anstatt zur Schule zu gehen, blieben die Geschwister den ganzen Tag zuhause und genossen die Gesellschaft der anderen Mutter. Ihre Wangen bekamen eine gesunde Farbe, und die andere Mutter nahm sich die Zeit, die Löcher in ihren alten Socken zu stopfen. Sie nähte sogar ein hübsches buntes Kleid für die Lieblingspuppe der Schwester. Und weil es Sommer war und die Ferien kurz vor der Tür standen, wunderte sich niemand auf der Welt, wo die Geschwister waren, denn es war schon oft vorgekommen, dass ihre Eltern sie nicht mehr zur Schule geschickt hatten, wenn sie sich das Mittagessen nicht leisten konnten.
Eines Morgens weckte die andere Mutter die Geschwister ganz früh. Draußen war es noch fast dunkel, und ein einsamer Vogel zwitscherte vor dem offenen Fenster, das zum ersten Mal seit langem blitzblank geputzt war.
„Steht auf, wir müssen fortgehen!"
Verschlafen rieb die Schwester sich die Augen. „Was ist passiert?"
Die andere Mutter strich ihr sanft übers Haar. „Wir machen einen kleinen Ausflug. Kommt, zieht euch schnell an, ich mache uns belegte Brote für unterwegs."
Bruder und Schwester kletterten aus ihren Betten.

„Und vergesst nicht, euch die Zähne zu putzen!" Die andere Mutter lächelte und drückte beide Kinder an sich, ehe sie sie Richtung Bad schob. „Wir müssen uns beeilen!"

Zum Frühstück gab es Müsli mit Obst und Joghurt, und dann packten sie ihre kleinen bunten Rucksäcke und gingen zur Tür hinaus. Die andere Mutter legte den Haustürschlüssel unter die Türmatte.

Die Schwester wunderte sich. „Brauchen wir den Schlüssel denn nicht mehr?"

Die andere Mutter strich ihr übers Haar. „So können wir ihn unterwegs nicht verlieren." Sie nahm beide Kinder an die Hand, leise schlichen sie sich aus dem Haus. Die Straßen waren noch gelb erleuchtet, und zwischen den Müllcontainern spielten die Ratten. Die Kinder fürchteten sich, aber die andere Mutter führte sie sicher die Straße hinunter und in den Park.

Am Vormittag kam der Hausmeister mit der Polizei, um die Wohnung aufzubrechen. Sie waren überrascht, als sie den Schlüssel unter der Türmatte fanden.

„Den müssen diese Idioten hiergelassen haben, ehe sie in den Wald gegangen sind. Das waren vielleicht seltsame Typen! Und was für Faulpelze!", schimpfte der Hausmeister.

Am Morgen hatte ein Spaziergänger, der seinem Hund hinterhergelaufen war, im Wald zwei Menschen an Bäumen hängend gefunden und die Polizei informiert. Anhand der Ausweise hatte man sie schnell identifiziert. Die Anfrage bei der Hausverwaltung hatte ergeben, dass sie seit Monaten nicht mehr ihre Miete gezahlt hatten. Widerwillig hatte der Hausmeister sich bereit erklärt, die Beamten zu begleiten. Er war schlecht gelaunt, denn er wusste, dass es an ihm hängenbleiben würde, die Wohnung auszuräumen und zu renovieren, damit man sie wieder vermieten konnte. „Ich glaube, die hatten auch

Kinder. Zwei oder drei, so genau habe ich nicht hingeschaut." Er bückte sich ächzend, hob den Schlüssel auf und steckte ihn ins Schloss.
Die Wohnung war kalt und leer. Nirgends stand schmutziges Geschirr, und die Betten waren sorgfältig gemacht. Die Polizisten durchsuchten jedes einzelne Zimmer. Eine Mitarbeiterin des Jugendamtes sah ihnen über die Schulter für den Fall, dass sie eines der Kinder übersähen. Aber es gab keine Spur, und bald gaben sie die Hoffnung auf. Man legte Akten an, mit Bildern der Kinder – ein blonder Junge von vielleicht acht oder neun Jahren und ein kleines Mädchen mit erdbeerblonden Zöpfen. Es gab keine Verwandten, die man hätte kontaktieren können. Von den Nachbarn hatte sie seit Wochen niemand gesehen. So fanden sie ihren Weg in einige Statistiken. Die Frau vom Jugendamt nährte noch monatelang in ihrem Herzen die Hoffnung, die Kinder könnten gefunden und unversehrt ins Heim gebracht werden. Aber sie blieben verschwunden, und schließlich wanderten die Akten ins Archiv, wo sie verstaubten und vergessen wurden. Niemand dachte mehr an die Kinder.
Und wenn sie nicht gestorben sind, dann leben sie noch heute.
Wo jedoch, das weiß nur die andere Mutter.

Thorsten Trelenberg
EIN STÜCK VOM GLÜCK

Mit schlurfenden Schritten betritt der Junge nach einer Albtraum geschwängerten Nacht in aller Frühe die Küche. Auch wenn es gestern ein langer Tag, oder besser gesagt, die letzte Nacht nur sehr kurz war, fällt ihm als ältestem der Kinder wie jeden Samstagmorgen die Aufgabe zu, für das Frühstück der Familie zu sorgen. Der Begriff Frühstück greift genau genommen zu weit, denn die eigentliche Tätigkeit, die sich hinter diesem elterlichen Auftrag verbirgt, besteht darin, Kaffee zu kochen. Kaffee kochen, denkt der Junge, ist ja auch nicht die richtige Bezeichnung für das, was ich immer an den Wochenenden zu tun habe. Vielmehr muss ich *Kaffee aufsetzen* und nicht Kaffee kochen, weil man da, wo ich herkomme, den Kaffee nicht kocht, sondern ihn aufsetzt. Zu seiner Überraschung ist heute schon jemand vor ihm in der Küche. Es ist sein Vater. Das kommt so gut wie nie vor und wenn, dann nur, wenn Ärger in der Luft liegt. Ärger, denkt der Junge, sagt man eigentlich auch nicht. Hier, wo ich herkomme, heißt das *Theater haben*. Das hört sich nicht so schlimm an, auch wenn Mama oder Papa mal einem der Kinder den Hintern versohlen, wenn sie so richtig Wut, oder besser gesagt, Theater haben. Und Theater, denkt der Junge, Theater haben die Alten oft. Warum das so ist, weiß der Junge nicht, aber in den anderen Familien ist das genauso.

Oft hat er schon darüber nachgedacht, aber er kann mit niemandem darüber sprechen, denn schließlich will man ja Theater vermeiden. Weil er nie weiß, wie sein Vater drauf ist, betritt er die Küche mit gemischten Gefühlen. Heute lächelt Papa, was nicht jeden Tag vorkommt. Wenn Papa lächelt, kann es ein guter Tag werden. Ja, vielleicht wird es sogar ein schönes Wochenende. Das hat es schon lange nicht mehr gegeben, denkt der Junge, ein Wochenende ohne Ärger, ohne lautes Gebrüll vom Vater, ohne hysterisches Geschrei von der Mutter und ohne die dazugehörigen stummen Tränen seiner beiden Geschwister. Ja, das wär's, denkt der Junge. In der Küche muss der Junge sich einen Weg durch eine Ansammlung von blauen, grauen und gelben Plastikmülltüten bahnen, um an die Kaffeemaschine zu kommen. Das ist nicht jeden Tag so, aber vielleicht ist das auch der Grund, weshalb sein Vater heute nach langer Zeit mal wieder lächelt. Acht große Mülltüten, alle randvoll gefüllt mit leeren Flaschen. Bis in die späten Abendstunden waren Vater und Sohn gestern gemeinsam in der Umgebung des Stadions unterwegs, um diese Beute zu machen. Oft kommt es ja nicht vor, dass er mit seinem Vater etwas gemeinsam unternimmt, denkt der Junge. Eigentlich gar nicht, aber das will er nicht wahrhaben, denn dann wird er traurig und wütend. Nicht nur so ein bisschen, sondern richtig wütend. Richtig böse! Und dann möchte er immer am liebsten nach draußen gehen und am allerliebsten den Kindern von gegenüber ein paar aufs Maul hauen. Die haben es verdient. Die lachen immer über ihn. Weil er gebrauchte Kleidung trägt, die seine Mutter aus der Kleiderkammer mitbringt, weil er sich keine nagelneuen Fußballschuhe kaufen kann, weil, ja weil er auf der anderen Straßenseite wohnt, auf der Seite, wo die Kinder leben, mit denen die von gegenüber nicht spielen sollen. Weil sie immer so überheblich grinsen, weil sie ihn auslachen, nicht mit ihm spielen. Ja, alleine schon deshalb, denkt der Junge oft, muss man denen von gegenüber öfters mal die Fresse polieren. Sein Vater sitzt breitbeinig auf einem hölzernen Küchenstuhl mit abgewetztem Sitzpolster und betrachtet breit grinsend die Ausbeute des Vortages. Was er jetzt wohl denkt, fragt sich der Junge, traut sich aber nicht zu fragen. Jetzt nur nichts Falsches machen, sagen oder fragen, was dem Vater die Laune verderben könnte. Möglicherweise überschlägt er ja gerade, wie viel Pfandgeld man für die ganzen Flaschen zurückbekommt und wo man sie am besten abgibt. Alle auf einmal wegbringen geht ohne Auto nicht. Also muss, wie gestern in der Nacht noch besprochen, die ganze Sammlung vorsortiert werden. Flaschen für Aldi, Flaschen für Lidl, Flaschen für Penny, Flaschen, die man am Kiosk abgeben kann. Warum sagt Papa Kiosk, denkt der Junge, denn da wo er herkommt, sagt man doch Bude. Man geht *anne Bude,* und nicht zum Kiosk. Ist eigentlich egal wohin, denkt der Junge, denn das meiste von dem Zeug muss ich wohl wieder wegbringen. Vor allem in die Supermärkte schickt der Vater ihn immer, denn er weiß aus Erfahrung, dass man dort mit einem Kind nicht schimpft, wenn es mal für längere Zeit den Rücknahmeautomaten blockiert. Den Jungen stört das nicht, oder nicht mehr. Wehren kann er sich sowieso nicht dagegen, denn dann gibt es zuhause wieder lautes Gebrüll vom Vater, hysterisches Geschrei von der Mutter und stumme Tränen von seinen Geschwistern. Wenn es ganz schlecht läuft, kann es sogar sein, dass man ihm den Arsch versohlt. Mal so richtig den Hintern verdrischt, denn das hat noch niemandem geschadet. Sagt der Vater. Sagt die Mutter. Ob das wirklich noch niemandem geschadet hat, denkt der Junge, als er mit dem ersten Sack voller leerer Flaschen in Richtung Aldi loszieht. Dabei lächelt der Junge zufrieden vor sich hin, denn heute, und das wurde ihm schon am Morgen versprochen, bekommt auch er ein Stück vom Glück ab. Zehn Prozent von dem, was er an Pfandgeld nach Hause bringt, darf er sich einstecken. Der Junge hat keine Vorstellung davon, was zehn Prozent sind, aber je öfter er es leise vor sich hin spricht, desto besser hört es sich an. Zehn Prozent. Das klingt einfach gut! Und der Junge fängt an zu träumen. Zehn Prozent von Aldi, zehn Prozent von Lidl, zehn Prozent von Penny. Das klingt einfach richtig gut! Während er den ganzen Vormittag lang einen Supermarktautomaten nach dem anderen mit Leergut füttert, überlegt er sich, was er mit seinem hart verdienten Geld anfangen soll. Vielleicht reicht es ja für neue Fußballschuhe, für ein nagelneues T-Shirt oder für einen Fußball. Einen richtigen, einen nigelnagelneuen Fußball. So einen, wie die im Stadion immer haben. So einen, wie die bei der WM hatten. Einen Fußball, der so toll ist, dass sogar die von gegenüber ganz neugierig werden und fragen, wo er den denn her hat. Und vielleicht denkt der Junge, vielleicht könnte ich ja mit denen mal Fußball spielen und ich müsste ihnen nicht mehr die Fresse polieren.

Sabrina Firdell

UNVERSTANDEN

Ich weiß noch, wie überrascht ich war, als meine Tochter vor einigen Jahren eine kleine Statistik aus der Schule mitbrachte, eine Erhebung aus der siebten Klasse: „Was ist mir für meine Zukunft wichtig?" „Einen sicheren Arbeitsplatz haben", stand da, „Viel Geld verdienen", „Genug Geld für meine Familie". Ich war schockiert. In meiner Jugendzeit hätte das Ergebnis anders ausgesehen: „Reisen", hätte da vermutlich gestanden, „Sich selbst erfahren", „Ein erfülltes Leben führen". Von Selbstverwirklichung fand sich in den Lebensvorstellungen unserer Kinder kein Wort.
„Mama", belehrte mich damals meine Tochter im Oberlehrertonfall, „die Kinder müssen sich heute um ihren Arbeitsplatz *kümmern*. Man lebt nicht mehr von einem Monat auf den anderen. Die Hippiezeiten sind vorbei!!" Scheint so. Für meine Tochter wären sie auch absurd. „Weißt du", sprach sie, „Ich will mal nicht so leben wie ihr." Den Satz kann ich nachvollziehen, lehnte auch ich das Lebensmodell meiner Eltern voll ab. Aber für mich hieß das: „Raus aus Enge und Borniertheit, weg vom Gedanken an Geld und das Morgen und Übermorgen. Geld macht nicht glücklich. Konzentriere dich auf das, was wirklich wichtig ist."

„Ich will mal viel Geld verdienen", so meine Tochter. „Ich will nicht überlegen müssen, ob ich meinen Kindern Winterschuhe kaufen kann oder nicht. Ich will nicht dauernd mit meinem Partner streiten, warum so wenig Geld da ist und wofür man das ausgibt."
Volltreffer. Allerdings, so wende ich ein, irgendwie hat es immer gereicht. Irgendwie sind wir klar gekommen, und im Moment geht es uns besser. Gut, es gab harte Zeiten.

Gestritten haben wir uns tatsächlich oft. Schokolade, Spielzeuge, Geburtstagsgeschenke(!), sogar das Mensaessen, alles war ein Grund zum Streiten. Der Inhalt des Kühlschrankes wurde auch immer mickriger. „Wann kaufst du wieder ein???" Sich schämen, vertuschen. Fast nie haben die Kinder Freunde mit nach Hause gebracht. Dabei hätte ich mir ein offenes Haus gewünscht. Aber die Freunde meiner Kinder habe ich nie kennen gelernt. Auch nicht auf Geburtstagen. Denn feiern wollten sie nicht. „Weißt du, wie es bei denen aussieht? Das kannst du ja wohl nicht mit unserer Wohnung vergleichen!"

Heute geht es uns besser. Keiner von uns schaut mehr nach, wie viel die Tafel Schokolade kostet. Die Tochter ist fast erwachsen, sie steht kurz vor dem Auszug. Sie wird studieren. Wir werden ihr helfen. Zufrieden ist sie nicht. „Bei euch weiß man ja nie, wie lange das mit dem Geld dauert", spricht sie unerbittlich. „Kann sein, dass Ihr morgen kaum noch was verdient. Das geht bei Euch ja auf und ab. Und was wird dann aus meinem Studium?! Dann kann ich mir meine Zukunft an den Hut stecken!! Ich muss auf jeden Fall nebenher arbeiten gehen!! Sich auf euch zu verlassen...!"

Marie-Aline Bak
LEANDRE- DAS MÄDCHEN AUS SÜDAFRIKA

Ich saß auf der Terrasse, die gleich an den großzügigen Pool angrenzte. Das Wasser schimmerte bläulich und glitzerte von den Sonnenstrahlen. Die Augen hatte ich geschlossen und ließ mich von der Sonne bräunen. Das Leben war so schön, wenn man nicht gerade arbeiten musste... Da bemerkte ich einen Schatten. Als ich blinzelte, sah ich in das Gesicht meines siebenjährigen Sohnes Raphael, der mich schelmisch angrinste: „Hey Mama. Weiß du, was heute in der Schule los war? Wir haben ein neues Mädchen in der Klasse, sie heißt Leandre. Komischer Name, oder?", begann Raphael auch schon zu plappern. Manchmal fragte ich mich, wie ein kleiner Junge so viel reden konnte. „Na ja. Es ist ein typischer afrikanischer Name. Woher kommt sie denn?", erwiderte ich. Er musste eine Weile nachdenken, doch dann antwortete er: „Ja, sie kommt aus Südafrika. So wie du. Ich glaub´ aus Johannesburg." Ich nickte. Johannesburg. Dort war ich aufgewachsen. Doch nicht in einem schönen Haus, sondern in einem der Slums. Immerzu herrschten dort Hungersnöte, die Verpflegung war schlecht oder es gab schlimme Krankheiten. Es war schrecklich, als Kind so leben zu müssen. Doch ich hatte erreicht, wovon ich immer geträumt hatte: Ein Haus und eine Familie haben, besser leben und ich hatte einen gut bezahlten Job bekommen. Früher hatten mich deshalb alle ausgelacht. Doch dann kam ich nach New York, um hier neu anzufangen. Und ich hatte es geschafft. Doch was war mit dem Mädchen aus Raphaels Klasse? Wieso war sie hier? „Warum ist sie denn mit ihrer Familie hier hergezogen?", fragte ich ihn. „Das Übliche: Ihre Eltern brauchen eine Arbeit und hoffen auf ein besseres Leben... Total kindisch." Ich schluckte und sagte ihm, er solle etwas essen. Es gefiel mir nicht, dass er so abschätzig über diese Familie redete, denn ich hatte damals genauso gedacht, wie diese Familie.

Am nächsten Morgen stand Raphael schon früh auf. Er wollte noch vor Leandre in der Schule sein. Irgendetwas war anders an ihr. Er wusste nur noch nicht was. Aber er würde es herausfinden. Der Bus kam jede halbe Stunde. Wenn Raphael sich beeilte, würde er den um 7:20 h noch bekommen und könnte so auf das neue Mädchen warten. Schnell zog er sich an, wusch sich und aß sein Müsli. Er hatte gerade aufgegessen, da kam seine Mutter in die Küche. Sie blickte ihn erstaunt an und gähnte herzhaft. „Was ist denn mit dir los? Normalerweise nimmst du doch immer den späteren Bus", fragte sie. Raphael stellte die Schüssel ins Waschbecken und antwortete: „Ja, ja Mama. Aber heute wollte ich früher in die Schule. Ehm… ich muss noch etwas vorbereiten." „Na dann. Viel Glück dabei", sagte sie und gab ihm einen Abschiedskuss auf die Wange. Auf dem Weg in die Schule blickte Raphael sich erstaunt um. Auf dem Bürgersteig hatte sich große Menschenmenge gebildet. Sie alle standen vor einem Haus und schienen auf etwas zu warten. Langsam ging er an ihnen vorbei und summte fröhlich ein Lied. Plötzlich rief jemand Raphaels Namen. Suchend schaute er sich um und blickte in das Gesicht eines Mädchens. Es war Leandre. „Was machst du denn hier und gibt es dort etwas umsonst?", fragte er das Mädchen und sie grinste: „Ich hab Hunger. Und ja, es gibt dort etwas umsonst." „Wenn du Hunger hast, dann kauf' dir doch 'was zu essen", erwiderte Raphael. Leandre seufzte und wirkte auf einmal traurig: „Kein Geld. Hier bei der Essensausgabe kann ich mir etwas zu essen holen ohne dafür zu bezahlen. Aber es schmeckt nicht so gut. Wahrscheinlich nicht so, wie du es jeden Tag bekommst." Raphael schwieg; was sollte er auch dazu sagen? Aber er fand es gut, dass es Möglichkeiten gab für Menschen wie Leandre, Essen zu bekommen. Allmählich setzte sich die Schlange in Bewegung. Nach etwa zehn Minuten waren sie an der Essensausgabe angelangt und Leandre erhielt ein nicht mehr ganz so frisches Brot. Erleichtert biss sie hinein. Sie hatte Mühe, das Brot zu zerkauen, aber es war besser als nichts. Raphael schaute das Mädchen skeptisch an. „Haben denn deine Eltern noch keinen Job, um wenigstens Geld fürs Essen zu verdienen?" „Nein, noch nicht. Aber das wird sich bald ändern, sagt Papa. Ich hoffe es so sehr. Dann wären wir alle glücklicher." Das konnte er sich gut vorstellen, denn bei ihm gab es jeden Tag etwas Nahrhaftes zu essen. Langsam machten sie sich gemeinsam auf den Weg zur Schule, immer an den großen befahrenen Straßen entlang. Als sie an einer roten Ampel standen, sagte Leandre plötzlich: „Ich will später einen ganz gut bezahlten Job finden. Mein Traum ist es, eine Familie und ein großes schönes Haus zu haben." Raphael lächelte. Ihm gefiel ihre Vorstellung von der Zukunft. „So stell' ich mir mein späteres Leben auch vor. Eine Zeit lang schwiegen sie beide. Doch dann fragte er: "Wohin gehst du denn heute zum Mittagessen?" „In die Arche. Da gibt es eigentlich das beste Essen. Willst du mitkommen?" „Na klar, ich ruf nur meine Eltern an, damit sie wissen, wo ich bin. Sonst machen sie sich Sorgen", antwortete Raphael schmunzelnd. In der Pause rief er zu Hause an: „Mama, ich geh heute mit Leandre in die Arche zum Mittagessen. Sie ist ganz nett und gar nicht so komisch, wie ich gedacht habe." Während er das sagte, fing Leandre an zu grinsen.

Die Arche war ein schöner, heller Raum und an der rechten Wand befand sich die Essensausgabe. Dort standen auch schon viele Kinder und Jugendliche mit Tellern und Bestecken an. Erschreckend, dass es so viele Kinder in der Stadt gab, die kein Geld hatten, um sich etwas zu Essen zu kaufen. Auch Raphael bekam sein Essen. Es schmeckte gar nicht so schlecht, aber nicht so gut, wie zu Hause. Nachdem sie den Teller geleert hatten sagte Raphael: „Ich finde es gut, dass es solche Einrichtungen gibt. Das ist wenigstens besser als nichts." „Aber das Gefühl, das man hat, wenn man mit der Familie isst, ist etwas ganz anderes. Ich würde viel lieber mit meiner Familie zusammen sein", entgegnete das Mädchen mit zitternder Stimme. Bei diesen Worten blitzte eine kleine Träne im Augenwinkel. Raphael nahm Leandre liebevoll in den Arm, um sie zu trösten. „Wir werden das schon irgendwie hinkriegen. Ich helfe dir dabei. Den anderen Kindern geht es doch genauso wie dir. Irgendetwas können wir bestimmt für deine Eltern tun, damit sie einen Job bekommen. Du musst nur ein bisschen Geduld haben." Sie schniefte und das einzige, was sie sagte war: „Danke!"

Sie verbrachten noch den ganzen Tag mit den anderen Kindern in der Arche und beschäftigten sich mit Spielen oder unterhielten sich einfach nur. Als es Abend wurde, ging Raphael nach Hause. Es war schon spät, als er endlich einschlief. Er war glücklich, denn er hatte nicht nur eine neue Freundin gewonnen, sondern auch viel über die verschiedenen Menschen gelernt. Und er hatte gelernt, dass es egal ist, ob man arm oder reich ist. Es kam einzig und allein auf den Charakter des Menschen an…

Gabriele Deutinger
OKTOBERFEST

Anna. Das ist meine kleine, Pardon große Hauptdarstellerin in dieser Lebensgeschichte. Anna hatte das Glück, mit zwei Schwestern und einer liebevollen Mutter aufzuwachsen. Hier endet aber auch schon das ganze Glück ihrer Kindheit. Denn sie lebten, zusammen mit ihrem Vater, im Armenhaus. Er war Tagelöhner, was an sich überhaupt nichts Verwerfliches ist. Diesen gerade verdienten Tageslohn aber ohne Umwege in die Kneipe zu tragen und zu versaufen, schon! Jeden Tag hoffte Anna, dass er abends nicht wieder kommen würde, dass er sie einfach vergessen hätte, denn auf seiner Prioritätenliste standen Anna und ihre Familie sowieso auf Platz 6.378.498! Es kam ihm absolut nicht in den Sinn, dass er außer sich, auch noch eine Familie zu ernähren hatte. Sie waren ihm einfach egal. So empfingen sie und ihre Schwestern von ihrem Vater nur Gefühlskälte und Ignoranz. Es gab aber einen Ort, an den sie sich immer flüchten konnte. Einen Ort in ihrer Phantasie. Es war ein kleines, buntes Bildchen. Darauf waren viele fröhliche Menschen in Tracht zu sehen, Karussells und im Hintergrund eine Statue namens „Bavaria". Dieses Bild konnte Anna stundenlang in den Händen halten und betrachten. Es half ihr zu träumen und sich auszumalen, wie schön es wohl in einer Welt ohne Sorgen, Armut und Spott wäre. Spott bekam sie regelmäßig auf dem Heimweg von der Schule durch die anderen Kinder zu hören. Wie schämte sie sich, wenn sie wieder riefen: „Wer geht denn da besoffen heim, das wird wohl Annas Vater sein". An solchen Tagen hatte er keine Arbeit bekommen und war dann schon morgens zum Trinken gegangen. Mittags war er dann pleite und der Wirt setzte ihn vor die Tür. Völlig betrunken ging er dann in

Schlangenlinien die Straße entlang. Die Kinder, die gerade von der Schule kamen, sahen ihn schon von weitem und verspotteten Anna. Währenddessen hoffte ihre Mutter zuhause, dass der Vater nicht das ganze Geld in Alkohol umgesetzt, sondern noch etwas zum Brotkauf übrig gelassen hatte. Meistens hoffte sie jedoch vergeblich. Das Geld, das die Mutter mit Zeitungen austragen und als Erntehelferin dazu verdiente, reichte hinten und vorne nicht. Manchmal kam es sogar vor, dass der Vater das schwer verdiente Geld der Mutter an sich nahm und damit in der Kneipe verschwand. Anna wusste nicht, was sie von all den Dingen am Schlimmsten finden sollte. War es der nagende Hunger, den sie verspürte, wenn sie mal wieder ohne Abendessen zu Bett gehen musste? War es das verspottet und ausgegrenzt werden durch die anderen Kinder? War es der Vater, der ein Trinker war und sie auch noch seelisch verhungern ließ? War es die Ungerechtigkeit, dass sie als eine der Intelligentesten in der Klasse aufgrund des Geldmangels nicht aufs Gymnasium gehen konnte? War es diese allgegenwärtige Armut und Not oder war das Schlimmste, nachts das leise Weinen ihrer Mutter zu hören? Doch ihre Mutter gab nie auf. Sie lebte für ihre Mädchen und irgendwie ging es immer weiter. Auch wenn es am Abend noch ausweglos schien, am Morgen gab es wieder eine „gute Seele", die irgendwie weiterhalf. Es gab Menschen, die sich um die Mädchen kümmerten, während ihre Mutter arbeiten musste. Es gab Menschen, die mit ihnen ihre Lebensmittel teilten und es gab Menschen, die ihnen vor dem bevorstehenden Winter warme Kleidung brachten. Ohne diese Menschen wäre es ganz sicher irgendwann mal nicht mehr weitergegangen. Aber so, und mit der unendlichen Liebe ihrer Mutter, konnte Anna wachsen. Wie ist sie da heraus gekommen? Gab es überhaupt eine Brücke in ein besseres Leben? Oh ja, die gab es und Anna hat sie gefunden. Nach dem Schulabschluss versuchte sie, möglichst schnell auf eigenen Beinen zu stehen und machte eine Ausbildung im Service. Sie war sehr fleißig und ein Ass im Kopfrechnen und eines Tages fand sie sich in ihrem kleinen, bunten, Bildchen aus ihrer Kindheit wieder: Nämlich als Kellnerin auf dem Oktoberfest!

Susanne Steinbach
HUNGER

1911

Die Kleine steht an der Ecke, die Lippen blau gefroren, ein braunes Tuch um die Schultern gebunden. Die Menschen hasten im dichten Schneetreiben vorbei und beachten sie gar nicht. Die magere Hand, die sie vorgestreckt hält, bleibt leer.

Als es dunkel wird, geht sie langsam mit hängenden Schultern die Straße hinunter. Die enge Gasse, in die sie abbiegt, quillt über vor Schmutz. Der Weg ist glatt, weil die Abwässer jetzt im Winter gefroren sind. Nur kleine vorsichtige Schritte kann sie machen.

An einem der grauen Häuser bleibt sie stehen und tritt den Schnee von den viel zu großen Stiefeln ab. Der rechte ist an der Spitze aufgerissen und mit Papier ausgestopft. Sie schleppt sich die dunkle enge Stiege hoch. Es riecht nach Kohl und feuchtem Holz. Als sie ganz oben unterm Dach die Tür mühsam öffnet, die misslaunig in den Angeln quietscht, fällt ein trübes Licht in den dunklen Treppenflur. Sie tritt ein und eine warme stinkende Luft schlägt ihr entgegen.

Rechts am Tisch sitzt die Mutter vornübergebeugt mit einer Handarbeit beschäftigt. Sie ist blass und auf der Stirn und um den Mund sind tiefe Falten eingegraben. Jetzt schaut sie auf. Als die Kleine etwas sagen will, nimmt sie schnell den Finger an den Mund. Gleichzeitig deutet sie mit dem Blick in die andere Ecke.

Dort liegt der Vater mit geschlossenen Augen, als würde er schlafen. Die Staublunge hat ihn erwischt, wie alle, die direkt am Berg gearbeitet haben. Sein Atem geht schnell und immer wieder fängt er an zu husten. Schon seit Wochen ist er nicht mehr vom Bett hoch gekommen.

Auf dem Boden krabbeln vier Kinder und spielen mit Stoffresten und Holzstöckchen. Ein Baby liegt in einem Steckkissen und schläft friedlich.
Das Mädchen legt das Tuch ab und setzt sich auf einen Hocker direkt am Tisch. Die Mutter schiebt ihr einen Teller mit drei Kartoffeln hinüber. Schnell stopft sie sich die Kartoffeln in den Mund, dann blickt sie die Mutter bittend an. Diese hebt nur traurig die Schultern und wendet sich wieder ihrer Arbeit zu.

2011

Er steht am Automaten vor dem Bahnhof und hebt sich auf die Zehenspitzen, um das Eurostück in den seitlich angebrachten Schlitz zu stecken. Dann drückt er eine Taste und eine Tüte Gummibären kommt angesegelt. Er reißt die Tüte auf und isst ein Bärchen nach dem anderen, bis die Tüte leer ist.
Sein Gesicht ist kugelrund und klebrig. Das T-Shirt mit dem Totenkopf spannt sich eng um den dicken Bauch. Auf dem Rücken hat er seinen Ranzen. Wie immer geht er den Weg von der Schule nach Hause alleine. Keiner aus der Klasse kann ihn leiden, denn er ist ein Angeber und eine Petze.
Langsam schlendert er die Straße hinunter. Er hat es nicht eilig nach Hause zu kommen. Die Straße, in die er jetzt abbiegt, ist mit Autos vollgestellt. An einem der modernen fünfstöckigen Häuser bleibt er stehen und versucht, die Werbeblättchen aus den Briefkästen zu angeln. Als ihm das bei einem gelingt, zerreißt er es in viele kleine Stücke und verstreut es auf dem Blumenbeet neben dem Eingang. Oben wird ein Fenster geöffnet. Er tritt schnell in den Hausflur.
Dann steigt er die schmutzigen Betonstufen bis unters Dach. Dort liegt der Schlüssel unter dem Abtreter. Er schließt die Tür auf, die wie immer klemmt. Als er sie dann mit Gewalt aufstößt, kommt aus der Wohnung:

„Mach leiseeee. Isch kann überhaupt nischts verstehn."
Er läßt den Ranzen vom Rücken rutschen, schleudert die Schuhe in die Ecke und strumpfelt ins Wohnzimmer. Dort liegt die Mutter rauchend auf dem Sofa vor dem flimmernden Fernseher. Es läuft gerade eine Talkshow.
„Isch habe Hungr", sagt er. Als sie nicht antwortet, schreit er: „Hej. Hungr hab isch." Die Mutter reagiert gereizt: „Jetzt halts Maul. Im Kühlschrank is noch ne Pizza. Kannst dir warm machn."
Er schlurft in die Küche. Dort holt er die Pizza aus dem Tiefkühlfach, um sie in der Mikrowelle aufzubacken. Dann nimmt er sie auf einem Teller mit in sein Zimmer. Dort schaltet er seinen Fernseher an. Die Talkshow interessiert ihn nicht. Er schaut einen Actionfilm – mit ganz vielen Toten.

Eike Wolfgang Heinemann

ARMUT, ICH HASSE DICH

Das Licht des Tages erweckte Luisa aus einem langen, tiefen und unruhigen Schlaf, doch sie wollte nicht aufstehen. Luisa würde wieder in die Schule gehen und gemobbt werden wie jeden anderen beschissenen Tag auch. Seitdem einer ihrer Mitschüler sie und ihre Mutter bei einer Tafel für arme Leute gesehen hatte, war ihr kleines und schönes Leben zerplatzt. Vorher, vor dem Tod ihres Vaters, hatte sie ein schönes Leben voller Liebe und Freude geführt. Doch dann war ihr Vater an Krebs gestorben und ihre Mutter kriegte nichts mehr auf die Reihe. Die Liebe fehlte völlig in der kleinen Wohnung am Rande von Oldenburg. An diesem Morgen, auf dem Weg zur Schule, ging sie, wie so oft am Friedhof vorbei. Doch diesmal konnte Luisa ihre Tränen nicht zurückhalten, denn sie hatte ihren Vater geliebt und er war einfach so gegangen, ohne sich zu verabschieden. Seitdem war ihre Seele verbrannt. Ihre Mutter trank und Freunde hatte sie nach dem Umzug ins Ghettoviertel auch nicht mehr. Also, was brachte ihr armes und jämmerliches Leben noch? Es würde sie doch sowieso keiner vermissen. Übermannt von ihren grausamen Gedanken, setzte sie den Weg zur Schule fort. Doch als Luisa angekommen war, sprach Sluddie, das coolste Mädchen, zur ihr: „Was willst du hier, du elende kleine Müllfresserin? Verpiss dich auf deinen Schrotthof!" Nach diesen Worten lief das kleine und traurige Mädchen in Richtung Ghettoviertel. Dort ging sie in ihr Geheimversteck in einem alten Wohnmobil, wo sie all ihre Schätze lagerte, auch ein Foto ihres Vaters .Doch nun spielte nur das Stück Seil, das sie gefunden hatte, eine Rolle. Sie würde sich erhängen. Fest entschlossen nahm Luisa den sperrigen Strick fest in ihre Hand und schlang ihn sich um den

Hals. Nur wenige Sekunden würde ihr Leid noch dauern. Danach wäre sie erlöst.

Zwei Tage später wurde der Leichnam des kleinen zehnjährigen Mädchens entdeckt. „Warum auch noch du Luisa? Warum?" Das waren die Worte ihrer Mutter. Mehr sagte sie nicht zu dem schaurigen Fund. Den ganzen Nachmittag fielen aus ihren Augen dicke Tränen. Bis zum Abend weinte sie. Danach ertränkte sie ihre Trauer im Alkohol.
Der dunkle Schleier der Nacht legte seine gespenstische Umarmung um das Ghettoviertel.

Gisela Katharina Brenninkmeyer
MÄRCHENHAFT

Es war einmal ein kleines Mädchen, dem hatten seine Eltern den Namen Sophia gegeben, das bedeutet Weisheit. Sophia war das älteste von sieben Geschwistern. Häufig war der Vater für geraume Zeit beruflich unterwegs.
Dann half Sophia ihrer Mutter, wo immer sie konnte - Wickeln, Baden, Füttern der jüngeren Geschwister, Kochen und Putzen.
Immer wenn der Vater heimkehrte, sagte die Mutter: „Welch' Glück, dass ich Sophia habe." Dann leuchteten Sophias Augen, das war ihr schönster Lohn.
Weil Sophia sehr gut in der Schule war, wurde sie zum Gymnasium geschickt. Fortan bestimmten das Wetter und ihre neuen Freundinnen die Nachmittage: Schwimmbad, Kino, Minigolf, Paddeln, Kindergeburtstage.
Sophia fand Wege, sich etwas Taschengeld zu verdienen, trotzdem reichte es häufig nicht aus. „Oh Sophia, welch' Glück, dass ich dich habe." sagte dann ihre beste Freundin Melanie und bezahlte für sie.
Sophia war glücklich, bis ihre Mutter davon erfuhr. Sofort lieh diese sich Geld bei der Nachbarin: „Dieses Geld, nimm es und gib es morgen dieser Melanie zurück. Und merke dir, diese Melanie - das ist kein Umgang für dich."
Von nun an schaukelte Sophia täglich einsam auf dem Spielplatz und sehnte sich zurück.
Nach geraumer Zeit kehrte der Vater heim. Dieses Mal klagte die Mutter: „Ich spare, schufte und spare. Trotzdem bleibt für Sophia kein Geld für ein Geschenk zum Kindergeburtstag oder fürs Schwimmbad oder fürs Kino. Und die Lehrerin beklagt sich: Sophia sondert sich ab, träumt im Unterricht - ihre Leistungen sind schlecht geworden."

Der Vater schwieg lange und tröstete dann: „Weine nicht, es wird sich schon ein Weg finden."
Sophia aber legte sich ins Bett und weinte bitterlich.
Als alle schliefen, schlich sie hinaus. Der Mond und die Sterne leuchteten ihr den Weg zu einem alten Brunnen. Sie stieg auf den Rand und sprang hinein.
Auf der großen grünen Wiese im Garten ihrer Freundin Melanie erwachte sie. Begeistert rief diese: „Wo kommst du denn her, du bist ja niedlich."
Sophia wunderte sich, dass Melanie sie nicht erkannte, sie stotterte: „Ich bin es doch, Sophia."
„Wie süß du bellen kannst!" rief nun Melanie entzückt.
Sophia sah an sich herunter: Sie stand auf vier braunen Pfoten.
Jetzt war Melanie herangekommen, beugte sich herunter und trug Sophia ins Haus. Sophia tänzelte vor dem großen Spiegel, in ihrem Spiegelbild wedelte ihr ein lockiger brauner Hund entgegen.
Melanies Mutter kam herein:
„Was für ein niedlicher Hund!"
„Das ist Puppi, sie ist mir zugelaufen."
Die Mutter streichelte Puppi:
„Wir müssen sie ins Tierheim bringen!"
Puppi zitterte, Melanie bettelte, sie wolle den Hund behalten. Als die Mutter Puppi auf den Arm nahm, leckte Puppi ihr zärtlich über die Hand.
Vom Tierheim erfuhr die Mutter, dass kein Hund vermisst wurde.
„Du kannst Puppi solange behalten, bis sich ihr Besitzer meldet."
Nun wurde eingekauft. Ein Halsband wurde angepasst, dazu kam noch Fressnapf, Hundekörbchen und Leine. Puppi fand alles furchtbar teuer. Bestimmt musste sie jetzt doch ins Tierheim. Doch Melanies Mutter war nicht überrascht und so zog Puppi bei Melanie ein.
Als Melanies Vater nach Hause kam, tobte er: So etwas

müsse gemeinsam entschieden werden. Schon wieder sei er vor vollendete Tatsachen gestellt worden. So könne es nicht weitergehen.
Ganz fest die Schnauze ins Körbchen gedrückt wedelte Puppi demütig. Melanie hockte sich hin und streichelte sie.
An Melanie gewandt, schimpfte der Vater weiter: „Deine Lehrerin sagt, dass du im Unterricht träumst und schlecht geworden bist und dass du dich absonderst. Jetzt bezahlen wir schon die teure Nachhilfe. Da brauchen wir über einen Hund gar nicht erst reden."
„Ich bin so traurig, weil ich immer alleine bin. Alle meine Freundinnen haben Geschwister, Sophia hat sogar sechs Geschwister. Ich möchte wenigstens einen Hund haben."
„Von der Sophia will ich gar nichts hören. Ich habe die Mutter am Elternabend erlebt. Bei denen geht es drunter und drüber - das Geld fehlt hinten und vorne. Warum haben sie sich so viele Kinder angeschafft! Jetzt müssen sie ihr Essen bei der Tafel holen."
„Aber Sophia ist meine beste Freundin."
„Ich habe dir doch gesagt, diese Sophia kommt hier nicht mehr ins Haus. Die kommt aus anderen Verhältnissen, sie passt nicht zu uns."
Jetzt griff die Mutter ein: „Wie kannst du so urteilen! Aus was für Verhältnissen kommst denn du! Dein Vater hat am Fließband gearbeitet. Ich war immer stolz darauf, dass du dich so hochgearbeitet hast!"
„Deswegen soll es Melanie besser haben!
Ich konnte nicht auf das Gymnasium gehen, nicht Tennis spielen, nicht reiten, war nicht im Ausland. Wenn ich anders aufgewachsen wäre, was meinst du, wo ich dann heute stände."
Die Mutter hatte sich auf Melanies Bett gesetzt. Wie versteinert starrte sie Melanie an, die mit ins Hundekörb-

chen gekrochen war und zitternd ihre Puppi fest an sich drückte.
Der Vater hörte nicht auf:
„Und wir waren uns doch immer einig gewesen, dass wir nur ein Kind wollten!"
Da sprang Melanie wütend hoch, nahm Puppi auf den Arm und stürmte hinaus: „Ich dachte, man muss froh sein, wenn Gott ein Kind schenkt, genau das habt ihr doch immer gesagt."
Vor der Tür setzte sie Puppi herunter und lief und lief, Puppi heftete sich an ihre Fersen. Sie liefen durch weite Felder in einen großen dunklen Wald. In einer Lichtung tobten sie miteinander und vergaßen alles um sich herum. Als ihnen der Atem ausging, setzte sich Melanie auf einen Baumstamm. Puppi legte ihr die Schnauze auf die Knie. Sie lauschten der Stille, kamen zu neuen Kräften und liefen noch tiefer in den Wald hinein. So gelangten sie an einen alten gemauerten Brunnen. Geschickt sprang Puppi auf den Brunnenrand. Melanie legte behutsam den Arm um sie, drückte ihr einen Kuss auf das Köpfchen, nahm einen Stein vom Rand und ließ ihn in den Brunnen fallen - es plumpste, der Wasserspiegel kräuselte sich zu kleinen Kreisen, die größer wuchsen und in der Außenwand verschwanden. Puppi schaute wedelnd zu, löste sich aus Melanies Arm, leckte ihr durchs Gesicht und sprang in den Brunnen. Sofort versank sie ebenso wie der Stein. Melanie erstarrte. Sie wartete noch eine Nacht und einen Tag.
Einsam lief sie dann den langen Weg nach Hause.
Puppi aber erwachte auf der Blumenwiese vor ihrem Haus. Ihre Mutter erkannte ihre Tochter sofort, lief auf sie zu und trug sie in ihr Bett: „Liebe Sophia, welches Glück, dass du wieder bei uns bist! Du hast uns so gefehlt."
Sophia schlief eine Nacht und einen Tag, dann lief sie zu dem Haus von Melanie und schaute über den Garten-

zaun. Melanie träumte in ihrer Schaukel, da entdeckte sie Sophia und rannte herbei.

Die beiden reckten sich, so dass sie sich umarmen konnten, auch wenn der Zaun noch zwischen ihnen war.

„Da bist du ja, welch' Glück, dass ich dich habe, Sophia!" rief Melanie „Mein liebes Puppilein, du bleibst für immer meine beste Freundin."

„Und welch' Glück, dass ich dich habe! Auch du bist für immer und ewig meine beste Freundin", erwiderte Sophia.

Und wenn sie nicht gestorben sind, dann sind sie noch heute beste Freundinnen und sehr glücklich.

Inga Kess
WO FÄNGT ARMUT AN???

Outfit, Handydesign, ja selbst die Marke der Schultasche oder des Füllhalters können heute darüber entscheiden, ob ein junger Mensch seitens seiner Gleichaltrigen als „Underdog" oder aber als „Gleichberechtigter" betrachtet wird. Der Maßstab für soziale Akzeptanz unter Jugendlichen hat sich in den letzten Jahrzehnten enorm verschoben. In der Frage, was und wie viel ein Kind braucht, wie Kinderarmut zu definieren ist, sind sich selbst die Politiker uneinig und feilschen um Höhe und Art staatlicher Zuwendungen. Was Armut heißt, beantwortet sich für unsere Generation vor einem völlig anderen Erfahrungshintergrund.

Gemessen am heutigen Maßstab waren Kinder, die noch kurz vor oder während des Krieges geboren wurden, in den ersten Jahren nach dem Krieg schrecklich arm. Nur wussten sie dies nicht und hätten auch daher den Begriff „Kinderarmut", heute ein oft gebrauchtes Schlagwort, nie für sich reklamiert. Denn zahllosen Kindern ging es so, von einigen Ausnahmen abgesehen.

Viele der Kinder waren mit ihren Eltern aus Ostpreußen oder Schlesien vertrieben worden. Zwei Drittel der Kinder einer Schulklasse hatten keinen Vater. Die Väter waren im Krieg gefallen. Einige Väter galten als vermisst oder waren, im günstigsten Fall, noch nicht aus der Kriegsgefangenschaft zurückgekehrt.

Manch eine Stadt zählte vor dem Krieg rund 20.000 Einwohner, nach dem Krieg waren es über 60.000 Einwohner. Die einheimische Landbevölkerung war durch die Menge der Flüchtlinge, die zugewiesen wurde, nicht mehr in der Lage zu helfen. Viele hatten kaum selbst etwas – es waren einfach auch zu viele, die da kamen. So waren die meisten „Zugezogenen" dankbar für einen

Kürbis oder ähnliche Naturalien, für die die Frauen den ganzen Tag Kartoffeln lesen mussten, auch die Kinder halfen dabei. Damals gehörte die Kinderarbeit auch hier zur Normalität.

Eine Frau, durch den Krieg in eine Stadt verschlagen, war Kriegerwitwe mit drei kleinen Kindern. Sie war gut ausgebildet, hatte einen Beruf gelernt, was zu jener Zeit außergewöhnlich war. Vor dem Krieg arbeitete sie als Sekretärin in einem großen Industrieunternehmen. Feldarbeit überhaupt nicht gewohnt, arbeitete sie trotzdem zunächst bei einem Bauern, um die drei kleinen Kinder zu ernähren. Wie alle anderen Frauen arbeitete sie auf dem Feld, um die schmale Rente ein wenig aufzubessern. Geld gab es aber keins, nur einen Kürbis pro Tag. Die Kinder bekamen in der Regel ein paar Kartoffeln. Herbstferien, sogenannte „Kartoffelferien", richteten sich nach der Kartoffelernte.
Später bekam die junge Witwe eine Arbeit bei einem Verband, der sich um Kriegsopfer kümmerte.
Die junge Frau hatte bei der Evakuierung des Ruhrgebietes fast ihren gesamten Hausstand verloren. Einen Lastenausgleich gab es für sie nicht. So ging es denn in der kleinen Familie recht sparsam zu.
Weder Mutter noch Kinder fühlten sich arm, denn die schrecklichen Hungerjahre während der Zeit der Besatzung durch die Siegermächte, in denen nur die Schulspeisung das Hungern linderte, waren vorbei. Die Jüngste litt noch an den Folgen einer Hunger-Tuberkulose, damals eine weit verbreitete Krankheit.
Diese Jüngste erinnert sich an ein Weihnachten direkt nach dem Krieg, als sei es gestern gewesen. An jenem Weihnachten bekam sie ein Glas Marmelade geschenkt. Immer noch sieht sie das Glas Brombeermarmelade vor sich, ein ganz großes Glas Brombeermarmelade, ganz für sie alleine. Die Freude war riesig, so dass sie die Freude

voller Glück mit allen teilen wollte, mit ihrem Bruder, mit ihrer Schwester, mit ihrer Mutter. Alle ließ sie von ihrer Marmelade probieren, auch ihre beste Freundin durfte kosten - und letztendlich blieb für sie selbst kaum etwas übrig. Aber sie war glücklich und zufrieden, weil sie ein so schönes Geschenk bekommen hatte, das so groß war, dass sie es noch mit ihrer Familie und ihrer Freundin teilen konnte.

Wenige Jahre später schockte das Kind eine andere Geschichte zutiefst, so dass sie diese bis heute auch noch nicht vergessen hat.

Bettler an der Straße gehörten fast zum Straßenbild. Da saßen sie nun, Kriegsversehrte, Hungernde und baten um eine milde Gabe. Manchmal klingelten sie auch an der Haustüre und baten um etwas zu essen.

Die Kleine war allein zu Hause, als es klingelte und ein Bettler an der Haustüre stand und erklärte, dass er schrecklichen Hunger habe und sich kein Essen kaufen könne. Von den Worten des Mannes tief berührt, lief sie hoch in die Wohnung und holte ein mit Wurst belegtes Brötchen, das sie von einer Nachbarin geschenkt bekommen hatte. Es sollte ihr Abendessen werden. Normalerweise gab es keine Brötchen. Dazu fehlte immer noch das Geld, und ein Brötchen mit Butter **und** Wurst gab es so gut wie nie. Doch die Kleine wusste noch zu gut, wie sich Hunger anfühlte. Schweren Herzens nahm sie deshalb ihr Brötchen und brachte es dem Mann. Dieser fragte zunächst noch freundlich: „Hast du denn kein Geld?" Worauf die Kleine sagte: „Geld kann man doch nicht essen!" Wutentbrannt nahm der Bettler das Brötchen und warf es in den Stadtgraben, wo sich die Enten über die Mahlzeit hermachten.

Susann Obando Amendt

DER SCHATZ DER WÜNSCHE

Hier ist es unheimlich, denkt Anna. Sie, Jannik und Luis rennen durch den Wald, doch nur ihr Keuchen ist zu hören. Wo sind bloß die Tiere? Seit ihrem Schwur, Paul fertig zu machen, pfeift kein Buchfink mehr. Als hätten sich die Vögel verkrochen, um ihnen aus dem Weg zu gehen.
„Was ist?", fragt Jannik.
Erst jetzt merkt Anna, dass sie stehen geblieben ist. „N-nichts, da seht! Da sind wieder Papierschnitzel!"
Anna bückt sich zur Schnipselspur, dann studieren alle die Schatzkarte. Das Ziel muss weiter vorne sein, hinter dem Waldweg, der sich gabelt.
„Wir müssen dorthin", sagt Jannik, da hören sie seinen Papa rufen:
„Wartet!"
Janniks Papa und Paul traben hinter den Ausreißern her. Als sie die drei erreichen, halten sie sich die Seite.
Kein Wunder, denkt Anna. Dass Paul sich krümmt, liegt nicht nur an der langen Strecke. Vorhin hat Jannik ihm den Ellenbogen in die Seite gestoßen, aus Wut, weil er Paul zu diesem Geburtstag mitnehmen musste. Und Anna und Luis haben zugesehen.
„Ihr habt jemanden vergessen!" Janniks Papa schiebt Paul zu den anderen. „Ihr müsst zusammen bleiben, vergesst das nicht."
„Aber wir sind so nah dran." Jannik wirft Paul einen fiesen Blick zu. „Der da ist zu langsam. Kein Wunder, bei den miesen Turnschuhen!"
„*Der da* heißt Paul", antwortet sein Papa. „Und außerdem: *Die Schatzsuche euch nur gelingt, wenn jedes Kind ans Ziel ihr bringt.*"

Damit wiederholt er die ersten Zeilen des Verses, der auf der Schatzkarte steht.
Anna fährt fort:
"So wandert los und gebt gut acht,
denn dieser Schatz, er wird bewacht.
Dem Hüter ihr ihn nur entreißt,
wenn ihr euch durch das Rätsel beißt.
Dann birgt der Schatz – und das ganz viel –
was jedes Kind am meisten will."
Schnell schlägt Paul die Augen nieder, zu schnell. Anna streicht ihm über den Arm. Dass sie damit gegen ihren Eid verstößt, fällt ihr erst ein, als Jannik ihr in den Rücken boxt.
„Verräterin", zischt er ihr ins Ohr, als sie weiterlaufen. „Du hast geschworen, bei unserer Freundschaft! Dass wir es dem Lahmarsch so richtig zeigen! Weil er nicht zu uns passt! Er soll in eine andere Klasse!"
„Ich weiß", sagt Anna. „Es ist aber nicht richtig. Merkt ihr das nicht? Kein Vogel singt. Weil Tiere sich vor bösen Menschen verstecken. Ich will nicht böse sein."
Jannik tippt sich an die Stirn, aber Anna fährt fort:
„Paul ist doch nicht mit Absicht schlecht in der Schule. Und was kann er dafür, dass er nicht so gute Turnschuhe hat wie du? Oder seine Eltern die Schulbücher leihen?"
„Er versaut es", ruft Jannik. „Das Sportfest oder unseren Auftritt bei der Einschulung! Er stottert und fällt hin, beim Wissenstest konnte er noch nicht mal sagen, dass der Mensch vom Affen abstammt. Und du bist auf seiner Seite!"
Wütend stapft er an ihr vorbei.
Vor ihnen schlängelt sich ein Flüsschen durch die Baumschatten. Eine Spur Papierschnitzel führt zum Ufer. Laub treibt auf dem Wasser, aus dem drei Steine herausragen. Über die springen Jannik und Luis zur anderen Seite. Anna macht es ihnen nach, doch als Paul kommt, bleibt er stehen. Mit aufgerissenen Augen starrt er auf die Stei-

ne, dann auf Jannik und Luis, die schief grinsen. Anna ballt die Fäuste und springt wieder zurück.
„Wir versuchen es zusammen", sagt sie. „Auf Drei, ja?"
Hopp, hopp, hopp! Der letzte Stein wackelt und Paul rudert mit den Armen, doch Anna zieht ihn ans Ufer.
„Seht mal!", ruft Paul plötzlich und weist auf eine alte Eiche.
Ein Zettel flattert im Wind. Luis pflückt ihn vom Ast und liest vor:
„Nach Norden geht es weiter, bis zu der hohen Leiter. Wenn ihr sie erklimmt, der Schatz euch fröhlich stimmt."
Wieder holt Jannik den Kompass hervor und prüft die Richtung. Dann rennen sie los. Und wie schnell Paul rennen kann! Selbst an Jannik zieht er vorbei. Der will ihn beiseite stoßen, stolpert aber und fällt in den Farn, der überall wächst. Auch am Fuß einer hohen Leiter.
„Wir sind da!", ruft Janniks Papa und zeigt auf den Hochsitz für Jäger.
Jannik rappelt sich auf und tritt auf die unterste Sprosse. Krack! ist sie durchgebrochen.
„Was jetzt?", fragt Anna.
„Paul könnte hoch", grübelt Luis. „Wer klein ist, ist auch leicht."
„Ich?"
„Was habe ich gesagt?", brummt Jannik. „Der ist ein richtiger Verlierer."
„Das ist nicht wahr!" Plötzlich ist Paul ganz weiß vor Grimm. „Aber ihr lacht mich ja immer aus, wegen meiner Sachen oder wenn ich was Falsches sage! Ihr traut mir nie was zu!"
„Klar tun wir das", behauptet Jannik, obwohl seine Stimme verrät, dass er es nicht so meint. „Kletterst du nun?"
Paul zögert, doch Anna nickt ihm zu, Luis auch, also klettert er die Sprossen nach oben.

„Hier steht eine Kiste!", ruft er. „Ein Seil ist auch da! Damit können wir einen Flaschenzug bauen, ich weiß wie!"
Nicht lange, da steht die große Schatzkiste auf der Erde, doch bevor die Kinder sie öffnen können, tanzt eine Gestalt zwischen den Bäumen hervor. Sie hat Hörner und einen Huf und ist über und über mit Blättern bedeckt.

„Ich bin der letzte Waldesgeist
und hüt' den Schatz, zu dem ihr reist.
Löst mein Rätsel nun ganz schnell,
gehört er euch schon auf der Stell.
Das Rätsel ist, nun hört gut zu
und ratet dann in aller Ruh:
Wenn Mut zerrinnt und schnell versiegt,
welch Ding hilft, dass die Angst verfliegt?"

Keiner antwortet. Anna duckt sich sogar hinter die Kiste, als der Waldgeist davor stehen bleibt. Ängstlich schaut sie hoch, dann reißt sie die Augen auf.
Die Blätter hängen gar nicht an dem Waldgeist, sie sind an eine Decke genäht, die bei jedem Schritt ein Stück aufklafft. Der Gestalt darunter muss warm sein, denn Anna sieht stachlige Beine und...
„Tragen alle Waldgeister gestreifte Unterhosen?", fragt sie und lacht. Der Waldgeist stemmt die Arme in die Seiten, da lacht Anna noch lauter. Mit einem Mal ruft Paul:
„Es ist das Lachen! Wenn Mut zerrinnt und schnell versiegt, hilft Lachen, dass die Angst verfliegt."
Nun lacht auch der Waldgeist und nimmt die Blättermaske ab. Es ist Pauls Papa.
„Wenn man lacht", sagt er, „findet man sogar tolle Freunde!"
Paul nickt ein bisschen, Luis und Jannik aber scharren nur mit den Schuhen im Sand.

„Dürfen wir die Kiste endlich aufmachen?", fragt Jannik. Stumm sehen sich die Väter an, dann geben sie den Weg zur Kiste frei. Jannik reißt den Deckel auf und erstarrt. „Die ist ja leer! Aber - das Rätsel, wir sollten doch finden, was jedes Kind am meisten will."

„Habt ihr das nicht?", fragt Janniks Papa. „Überlegt doch mal: Vorhin habt ihr über Freundschaft gesprochen. Also wollen alle Kinder Freunde, die wirklich für sie da sind! Und einen Waldgeist mit Stachelbeinen besiegt man nur, wenn man zusammenhält. Oder?"

Jannik wird rot. „Aber wenn Paul beim Sportfest nächste Woche wieder schlecht abschneidet, ist das mit der Freundschaft gleich wieder aus."

„Ich hab trainiert", ruft Paul. „Wir gewinnen! Ich bin nicht mehr so mies wie letztes Jahr."

„Du meinst, wir besiegen die 3b?" Jannik schnappt nach Luft. „Aber, die sind doch so gut! Also, wenn wir das schaffen, ich schwöre, dann kaufe ich dir die tollsten Turnschuhe von der Welt!"

Renate Walter
PAUL TRÄUMT

In der Nacht hatte es geschneit. Es ist noch dunkel, als sich Paul mit seinem zwei Jahre jüngeren Bruder auf den Schulweg macht. Die beiden müssen früh morgens von zuhause weg, um genügend Zeit für den zwei Kilometer langen Schulweg haben. Heute ist es durch den neuen Schnee besonders beschwerlich, denn viele der Anwohner haben die Gehwege noch nicht geräumt.

Das Pausenbrot haben sich Paul und sein Bruder Martin wie immer selbst zubereitet, denn ihre Mutter bringt inzwischen die kleine Schwester in den Ganztagskindergarten. Für ein Frühstück zu Hause hat die Zeit heute nicht mehr gereicht. Eigentlich geht Paul ganz gerne zur Schule, aber heute hat er kein gutes Gefühl. Seine Hausaufgaben konnte er gestern nicht ordentlich erledigen, weil er auf seine Schwester aufpassen musste, die krank war und deshalb nicht im Kindergarten sein konnte.

Pauls Mutter arbeitet den ganzen Tag als Zimmermädchen in einem wunderschönen Hotel, mitten in der Stadt. Sie hat es ihm einmal bei einem Spaziergang gezeigt. An seinen Vater erinnert sich Paul nur noch ganz verschwommen, und seine Mutter möchte auch nicht über ihn sprechen. „Wenn du größer bist, wirst du verstehen, warum er nicht mehr bei uns wohnt", vertröstet ihn seine Mutter meistens. Aber Paul hat oft gelauscht, wenn sie sich mit ihrer Freundin unterhalten hat. Er hat zwar nicht alles verstanden, aber doch so viel, dass seine Mutter Angst vor dem Vater hatte, der sie öfter, wenn er angetrunken war, geschlagen hat. Das hat Paul zum Glück nie mitbekommen und vermisst seinen Vater doch oft noch sehr.

Jetzt hat seine Mutter keine Angst mehr. Sie wirkt nicht mehr so erschöpft, und ab und zu sieht Paul sie sogar lachen. Die kleine Familie wohnt nämlich inzwischen in einer winzigen Wohnung, auf die Pauls Mutter viele Monate hat warten müssen. Deshalb ist sie auch noch so lange beim Vater geblieben, sie wusste ja nicht, wo sie hin sollte mit drei Kindern. Leider liegt die Wohnung im 3. Obergeschoss und hat keinen Balkon. Die Mutter schickt sie deshalb zum Spielen immer nach unten auf den Rasen, aber da sie dort immer vom Hausmeister verjagt werden, hat Paul schon keine richtige Lust mehr, hinunter zu gehen.

Viel lieber sitzt er in seinem Zimmer und spielt stundenlang mit seiner Spielekonsole. Die bekam er von einem Freund, der längst etwas Neueres, Besseres geschenkt bekommen hat. Paul hat noch nie einen seiner Freunde mit zu sich nach Hause genommen. Er schämt sich für das kleine Zimmer, das er mit seinem Bruder teilt und für die abgewohnten Möbel, die seine Mutter im Gebraucht-Möbelhaus günstig bekommen hat. Anfangs wurde Paul noch öfter gefragt, ob er denn mit dem einen oder anderen Jungen nach Hause kommen wollte. Man könne doch zusammen Hausaufgaben machen und danach ins Schwimmbad oder ins Kino gehen und einen Kinderfilm ansehen. Schweren Herzens hat Paul diese Einladungen immer wieder abgelehnt. Wie gerne wäre er mitgegangen, aber Geld für Schwimmbad oder Kino hatte er nicht. Darum musste er sich ständig neue Ausreden einfallen lassen. Mittlerweile wird er nicht mehr gefragt und die Kinder gehen nach der Schule getrennte Wege. Dabei wäre Paul auch gerne einer von ihnen. Oft fühlt er sich nachmittags einsam und denkt an seine Schulkameraden, die sicherlich gemeinsam etwas unternehmen. Sein Bruder Martin ist auch kein richtiger Ersatz für einen Freund, er ist einfach noch zu klein, als dass Paul mit ihm wirklich etwas anfangen könnte.

Heute hat Paul von seiner Mutter den Auftrag bekommen, nach der Schule noch ein paar Lebensmittel zu besorgen. Das Geld, das seine Mutter genau abgezählt hat, hat Paul sicher in seiner Schultasche verstaut. 5 Euro! Was man sich dafür alles kaufen könnte. Paul träumt: Er könnte sich damit ein lang ersehntes, großes Eis kaufen oder das neue Micky Maus Heft, um das er schon seit Tagen am Kiosk herum streicht. Oder vielleicht doch so eine schicke Baseball-Kappe, wie sie neuerdings alle Jungs in der Klasse tragen, nur er hat noch keine!

Entmutigt seufzt Paul auf. Das geht natürlich nicht, soviel versteht er schon von der Verantwortung, die er heute trägt. Und er weiß, dass seine Mutter ihm vertraut. Also wird er die aufgetragenen Lebensmittel besorgen, damit seine Mutter heute Abend mal wieder ein warmes Essen kochen kann.

Schon seit Wochen ist die Mikrowelle kaputt und die Kinder haben mittags, wenn die Mutter noch auf der Arbeit war, nur Jogurts und Süßigkeiten gegessen. Die Mutter will nicht, dass sie alleine am Herd hantieren und so blieb es für ein paar Wochen bei den kalten Mahlzeiten. Abends war Pauls Mutter dann oft zu müde und erschöpft, um noch am Herd zu stehen und den Kindern etwas Richtiges zu kochen.

Seit gestern nun steht eine neue gebrauchte Mikrowelle in der Küche, die ihnen nette Nachbarn geschenkt haben und Paul freut sich darauf, später für sich und Martin ein bereits vorgekochtes Essen aufwärmen zu können. Zum Glück bekommt die kleine Schwester im Kindergarten ihr Essen, so dass er sich in der Hinsicht um sie nicht zu kümmern braucht.

Doch noch eine andere Sache beschäftigt Paul in den letzten Tagen sehr. Zum Schuljahresende soll wieder eine Klassenfahrt stattfinden, und er wäre für sein Leben gerne dabei. Bisher hat er es noch nicht gewagt, seine Mutter nach dem dafür erforderlichen Geld zu fragen.

Er weiß, so war es in den letzten Jahren auch schon, dass seine Mutter kein Geld aus dem normalen Alltag für Extras übrig hat. Daher ist er auch bisher noch nie mitgefahren und hat sich immer eine Entschuldigung wegen Krankheit schreiben lassen. Aber dieses Mal, so hat er sich ganz fest vorgenommen, will er alles dafür tun, um dabei zu sein.

Neulich hat er einen Zettel am Supermarkt gesehen. Da werden Schüler gesucht, die Prospekte austragen, um sich damit etwas Taschengeld zu verdienen. Bisher war seine Mutter dagegen, weil sie fand, er sei dafür noch zu klein. Aber nun ist Paul schon neun Jahre alt! Höchste Zeit, auch etwas zum Haushaltseinkommen beizutragen. Er ist schließlich der älteste „Mann" im Haus und möchte seiner Mutter gerne helfen. Außerdem hat er bemerkt, dass sich die alte Frau Berger aus dem vierten Stock mit ihren Einkäufen immer schwerer tut. Ganz gebückt geht sie und muss oft stehen bleiben, um zu verschnaufen. Auch da könnte Paul sicherlich helfen, ihr die Sachen zu tragen und vielleicht würde ihm Frau Berger hin und wieder ein wenig Kleingeld dafür geben.

Ja, Paul ist wild entschlossen, dass er es dieses Mal erreichen wird, an der Klassenfahrt teilzunehmen. Gleich heute Nachmittag, nach dem Mittagessen, will er zum Supermarkt laufen und fragen, ob er den Job haben kann. Wenn er sofort anfängt, bleibt noch genug Zeit, das Geld zusammen zu sparen. Und wer weiß, träumt Paul schon weiter: Vielleicht, ganz vielleicht kann er sich irgendwann einmal ein gebrauchtes Fahrrad vom selbst verdienten Geld leisten.

Fröhlich pfeifend trennt er sich nun auf dem Schulhof von seinem Bruder und macht sich auf den Weg zu seiner Klasse.

Klaus Klausens
KINDERHALLEN

Ach, wir liefen dahin. An jeder Brücke machten wir halt. Als Jenny sagte, sie könne nicht mehr laufen, liefen wir immer noch weiter. Kurz.
Nur als sie dann weinte und weinte, ja, im Laufen weinte, da hielten wir an.
Diesmal nicht unter einer Brücke. Nein: Es war kein Schuppen, sondern eher eine Halle, weil da Beton verbaut war. Das Dach war blau und vielleicht aus Metall. Deshalb hielten wir genau da und lehnten uns schnaufend gegen die kühle Wand.
Es regnete nicht und es gab auch keine Sonne. Aber wir hockten an der Halle.
Es gab keine Geräusche. Es gab keine Autos. Wir waren in einem Industriegebiet.
Unsere Halle schien weder bewohnt noch irgendwie betrieben zu werden. Es schien eine Halle, die man vergessen hatte.
Hannes fiel das als erster auf. Er stupste Jenny an, die daraufhin nicht mehr weinte. Holger blickte mit großen Augen zu der Einfahrt der Halle, die etwas Unkrautüberwuchert schien.
Alle drei spürten, dass sich da etwas wie eine Chance ergeben konnte. Wenn sie hinein gelängen, dann wäre es die Chance, sich länger aufzuhalten, ohne unter einer Brücke zu sein. Nein, dann wäre man irgendwo drinnen. Das könnte ihnen schon gefallen.
Holger machte ein Zeichen und ging dann um das ganze Objekt herum. Es lagen rostige Teile an der nächsten Wand, dann kam die lange Seite ohne Fenster, und dann der Eingangsbereich mit einem Vorbau dran.
Da in dem Vorbau waren die Büros, während die Halle eine normale Halle war. Es gab auch Fenster. Und eines

war etwas auf Kipp, aber leider doch etwas hoch. So in drei Metern Höhe.
Als Holger von "auf Kipp" sprach, nickte Hannes ... und Jenny dann auch. Alle drei nickten zusammen.
Diese Halle konnte eine Chance sein. Deshalb durfte man an dieser Chance nicht vorbei. Dazu musste man auch mal in die Höhe.
Die Augen suchten auf dem Platz vor der Halle und auf dem Gelände daneben. Alles war ruhig. Es schien so, als ob niemand mehr in diesen Teil des Gewerbegebietes kommen würde. Das stimmte sie bedenklich.
Aber es war dennoch so.
Ein Stahlregal lag schräg über zwei Schubkarren ohne Räder. Sie würden dieses Stahlregal nun holen. Jenny sollte draufklettern, während Hannes und Holger es halten würden.
Dazu mussten sie es zuerst vor das Fenster schleppen.
Niemand beobachtete sie. Ein kleines Paradies. Ungeahnte Freiheit. Hier würden sie einsteigen.
Sie schafften es, das Regal vor das Fenster zu tragen. Einmal gab es ein Geräusch. Aber das war nicht so schlimm. Niemand hörte sie und niemand hatte sie gehört. Jenny stieg auf das Regal und musste nun nur noch einen Meter überwinden, um dann an die Öffnung heranzukommen, durch die sie ja noch passte, aber keinesfalls ein Älterer.
Die beiden Jungens hielten das Regal, weil es doch etwas schief und wackelig war. Jenny aber stieg darauf und hoch und dann durch das Fenster.
Es gab einen lauten Plumps.
Holger und Hannes dachten sich, sie wäre nun drin. Ihre Jenny!
Gleich würde die Türe geöffnet, vielleicht die vom Büro. Oder es würde das supergroße Tor aufgeschoben, das das Zentrum der Halle ausmachte.

Es würde schon etwas geschehen. Und es würde schon etwas geöffnet. Sie waren sich da sicher.
Also harrten sie aus.
Nichts geschah. Sie hatten keine Uhr, aber ein Gefühl für die Zeit. Holger wurde unruhig, denn Jenny kam nicht. Nichts öffnete sich, gar nichts.
Hätten sie ein Handy, hätten sie Jenny anrufen können. Aber sie hatten keines. Niemand hatte eines.
So mussten sie draußen warten. Einfach warten. Aber die Zeit verging, ohne dass etwas geschah. Es musste jetzt schon eine Stunde gewesen sein. Hannes und Holger hockten nicht mehr, sondern liefen wie junge Hunde um die Halle samt dem flachen Bürovorbau. Es gab keine Lücke, es gab kein Loch.
Nur dieses eine Fenster. Und da war Jenny rein. Sie riefen dann "Jenny". Durchs Fenster. Von unten. Hoch. Der Ruf. Aber es kam nichts.
Jetzt sollte Holger durch das Fenster, und dann nach dem Rechten sehen. Ob alles o.k. war. Hannes half so gut es ging, indem er nun ganz allein das wackelnde Regal festhielt.
Holger war stärker als eben Jenny. Er konnte sich am geöffneten Fenster hochziehen, sich da halten. Er konnte sich da irgendwie festklemmen und dann durch den Schlitz des Fensters schauen. Den Kippschlitz, durch den die schmale Jenny sich noch gezwängt hatte.
Holger würde nie da durch passen. Aber gucken konnte er, während er baumelte, da in drei Metern Höhe, das Stahlregal noch unter sich.
Aber er sah nichts, er hörte nichts. Man schaute in ein graues Dunkel, das kaum Dinge freigab. Er rief auch den Namen, aber Jenny antwortete nicht. Er rief nochmals und nochmals, bald schrie er ganz laut.
Hannes war ganz nervös, unten.
Holger schrie lauter und lauter, aber es gab keine Antwort.

Mittlerweile gab es doch einen Menschen. Da war einer im Auto, der jetzt anhielt. Ein Mann in einem Overall, der wohl auch in dem Gewerbegebiet arbeitete. Offene Scheibe.
"Hey, was macht ihr da?! Verschwindet, da habt ihr nichts zu suchen!"
Doch Holger blieb auf dem Regal und Hannes stand da unten als Festhalter.
Der Mann stieg aus dem Auto und schwang sich über das Tor, welches das Grundstück der Halle begrenzte.
Dann lief der Mann. Aber Hannes nicht weg. Nur Holger kam nervös vom Regal runter.
Da hielt der Mann beide Jugendlichen am Arm, aber nur kurz. Denn er sah ihre Angst.
"Was ist denn los?", schrie er sie an.
Beide waren nun ganz weinerlich. "Jenny", sagten sie nur. "Jenny".
"Was ist mit ihr?" Der Mann spürte die Angst bei beiden Jungs.
"Sie ist da drin, aber sie meldet sich nicht."
Man musste Hilfe holen. Ein Schlosser von dem Metallbetrieb Kliewert GmbH kam rüber. "Ja, ja, diese Halle hier, die steht schon länger leer", sagte der. Der Besitzer war in Konkurs gegangen. Man müsste eben das Schloss aufbrechen. Er meinte das Schloss von der großen Schiebetür, die in das Herz der Halle führt.
Zwei Männer und zwei Jugendliche, 13 Jahre, vielleicht auch noch Kinder, machten das große Tor auf, nachdem der Metallfacharbeiter mit irgendwelchen Spezialgeräten das Schloss zum Bersten gebracht hatte.
Die Halle war leer, ganz leer. Nichts war darinnen, nicht eine Maschine. Aber rechts hinten, wo das eine Ausstellfenster war, da lag ein Körper am Boden. Sie liefen schnell zu dem Mädchen hin. Sie war noch warm.
Hannes sagte: "Jenny!" Sie sagte nichts. Holger schrie:

"Jenny!", aber sie sagte immer noch nichts. Sie rührte sich nicht.
Es kam später ein Krankenwagen. Und dann war sie weg. Die Jenny. Niemand sagte den beiden, Hannes und Holger, wohin man sie brachte. Die Jungen standen nun da und hatten keine Jenny mehr.
Ein fürchterlicher Anblick war das. Jenny und das Auto mit dem roten Kreuz. Da halfen auch keine Brücken mehr.
Hannes und Holger. Sie wussten nicht, wo sie heute schlafen würden. Aber sie wussten, dass sie wegen Jenny niemals heute Nacht überhaupt würden schlafen können.
Morgen müssten sie die Krankenhäuser der Stadt abklappern. Irgendwie. Vielleicht ließ sich ja etwas herausfinden.
Jenny war ja warm gewesen.
Sie lebte doch noch! Oder?
Wie ging es ihr?
So liefen wir los.

Evamaria Weck
DIE SINGENDEN KINDER

Dieser Tag war geschafft! Christa ließ den Blick noch einmal durch ihr Büro schweifen. Er wurde von einem Bild festgehalten, das schon lange über dem kleinen Schrank hing.
Eine Gruppe singender Kinder, bis zur Hüfte dargestellt, mit weit geöffneten Mündern. Christa hatte das Bild immer gefallen, weil es, gemalt in hellen Rottönen, eine fröhliche Stimmung verbreitete. Doch was am Morgen geschehen war, machte sie betroffen.
Eine Frau kam zur Beratung und brachte ihre beiden Buben mit. Sie wirkte müde und hilflos. Die Kinder, etwa fünf und sieben Jahre alt, setzten sich brav auf einen ihnen zugewiesenen Stuhl und flüsterten nur leise miteinander. Das Gespräch mit der Frau dauerte eine ganze Weile und Christa konnte ihre Not spüren. Nach einiger Zeit erhoben sich die Buben von ihren Plätzen und machten einen kleinen Erkundungsgang durchs Büro. Die Mutter war zu sehr mit sich selbst beschäftigt, um es zu bemerken.
Plötzlich blieben die Jungen vor dem Bild mit den singenden Kindern stehen. Wieder flüsterten sie leise miteinander. Christa unterbrach das Gespräch mit der Mutter und wandte sich den Beiden zu. „Gefällt euch das Bild?" Der Ältere verzog etwas das Gesicht, und dann meinte er stockend: „Die Kinder schreien nach Brot!" Der kleine Bruder nickte zustimmend: „Die haben Hunger!"
Über das Gesicht der Mutter glitt ein trauriger Zug, sie zuckte mit den Achseln, als sie sich ihrer Beraterin wieder zuwandte.
Nun stand Christa vor dem Bild mit den singenden Kindern und noch immer klangen die Worte der beiden Buben in ihrem Inneren nach.

Edith Hüttel
DIE RÜCKKEHR DER ENGEL

„Unser Auftrag ist zu Ende. Wir alle sind nun zusammen gekommen, um aus den Erfahrungen, die wir in den letzten Wochen gesammelt haben, unsere Mission zu planen und zu besprechen."

„Gabriel – ich muss dich leider unterbrechen – wir sind noch nicht alle zurück gekehrt. Michael fehlt noch und ich habe die Befürchtung, dass er sich nicht an die Vorgaben gehalten hat, nämlich nur zu beobachten, sondern mal wieder seine eigentliche Aufgabe erfüllt. Gestern habe ich ihn bereits hier getroffen und sein trauriger Blick verriet mir, dass er der Versuchung nicht widerstehen kann."

„Du meinst also, er ist nochmal zurück zur Erde, um…."

„Haltet ein! Wir wollen nicht spekulieren, sondern auf seine Rückkehr warten und hören, was er zu berichten hat."

„Aber lasst uns schon beginnen. Wer von euch war in West-Europa?"

„Das war ich, Camael. Ich habe wirklich große Kinderarmut gesehen. Es verhungert zwar kaum ein Kind, so wie zum Beispiel in Afrika – die Armut sieht hier ganz anders aus. Es gibt sehr viele Schlüsselkinder, die stets von ihren arbeitenden Eltern mit Geschenken überhäuft werden, weil diese ihr schlechtes Gewissen beruhigen wollen. Und die meisten bemerken dabei nicht, dass man Liebe, Fürsorge und gemeinsames Erleben nicht kaufen kann. Hinzu kommen dann auch noch die Eltern, die seit Generationen in sozial schwachen Verhältnissen leben und nichts dagegen tun, ihren Kindern eine bessere Zukunft zu ermöglichen. Die meisten dieser Eltern lieben ihre Kinder, aber ihre geistige Armut geben sie ihren Nachkommen weiter."

„Das hört sich ja schrecklich an. Haben sie wenigstens genug zum Essen?"
„Der Staat unterstützt sehr viele von ihnen. Trotzdem sollten wir hier aber tätig werden."
„Danke für deinen kurzen Überblick."
„Wer war in USA, Mittel- und Südamerika?"
„Das war ich, Raphael. In USA ist es ähnlich wie in Europa, allerdings ist das Sozialsystem nicht ganz so gut und die meisten Familien müssen sich selbst helfen. Viele arme Kinder habe ich gesehen, arm wegen Hunger und fehlender Liebe.
In Mittel- und Südamerika war ich erschüttert darüber, dass manche Familien sogar auf Müllhalden leben. Dort werden die Kinder fast alle sehr geliebt, aber sie sind hungrig und krank."
„Ja, so ist es auch in Indien."
„Dann berichte mal darüber, Uriel!"
„In Indien werden die Kinder auch meistens geliebt, jedoch oft nur die Jungs. Viele Mädchen werden direkt nach der Geburt getötet, weil sie das falsche Geschlecht haben. Aber auch sonst gibt es sehr viele arme Kinder, die zum Teil verhungern müssen. Auch Kinderarbeit gibt es in Indien sehr oft. Sie knüpfen Teppiche und nähen Kleidung für die Industrieländer.
Ich war auch in Pakistan. Es ist schrecklich, zu sehen, wie viele Kinder auch dort kurz vor dem Verhungern sind. Da sind Kinder, die schon mit neun Jahren, anstatt zur Schule zu gehen, Fußbälle für ein wenig Geld zusammen nähen, um ihre Familie finanziell zu unterstützen. Diese Bälle werden weltweit für viel Geld verkauft. Doch ich will auch andere zu Wort kommen lassen."
„Wer war in Ost-Europa?"
„Ich war's, Jophiel!"
„Erzähle, was hast du dort vorgefunden?"
„Auch da gibt es leider viel Armut. In Russland leben manche Kinder schon sehr früh auf der Straße und bet-

teln um Almosen. Im Winter erfrieren viele bei Temperaturen bis zu 40 Grad unter 0.
In Rumänien gibt es Kinderheime, die in einem so schlechten Zustand sind, dass man selbst Tiere nicht darin halten würde."
„Wie sieht es in Thailand und China aus? Wer berichtet von dort?"
„Ich, Zadkiel, hatte mich auf den Weg dorthin gemacht. Auch ich habe schreckliche Dinge gesehen. In Thailand gibt es viele Kinder, die auf den Kinderstrich gehen. Schon sehr früh werden die Kinder aus der Not heraus zu Prostituierten. Und sehr schlimm ist es, dass viele Männer aus Europa sich dieser Kinder bedienen. Das ist alles ein sehr krankes Verhalten und wir müssen dringend einschreiten.
In China gibt es in manchen Regionen immer noch Kinderarbeit. Die Kinder werden ausgebeutet, um für die Industriestaaten der Erde billige Kleidung herzustellen. Sie sitzen von früh bis spät für einen Hungerlohn mit leblosen Augen an Maschinen und arbeiten, bis sie vor Erschöpfung umfallen. Die Eltern dieser Kinder sehen oft keine andere Möglichkeit, um an Nahrungsmittel zu kommen, als ihre Kinder arbeiten zu lassen. Auch von dort könnte ich euch stundenlang berichten."
„Haltet kurz ein, da kommt Michael!"
„Was trägt er vor sich her?"
„Er wirkt total erschöpft."
„Er hat sich wieder mal nicht an seinen Auftrag gehalten, nur zu beobachten!"
„Die Erde ist eben sein Planet, er ist aus ihr entstanden und ist deswegen so voller Liebe für die Bewohner. Es würde mich nicht wundern, wenn er wieder zwei kleine Seelen gerettet hätte."
„Wohin war er eigentlich abkommandiert?"
„Du hast wohl nicht aufgepasst. Er war in Afrika, im Armenhaus der Welt!"

„Das stimmt nicht, das sind Indien und Pakistan, ich weiß es genau, weil das mein Arbeitsgebiet ist!"
„Nein es ist Südamerika, ich bin täglich dort!"
„Jetzt streitet euch nicht! Es ist schlimm genug, dass es so viele Armenhäuser auf der Welt gibt. Und es ist egal, woran es den Kindern mangelt, ob es Liebe, Hunger, Krankheit oder soziale Integration und Gleichberechtigung ist; es ist so schrecklich, dass die Menschen auf dem Planet Erde, die zu den intelligentesten Wesen im Weltall gehören, dieses Problem nicht selbst lösen können."
„Aber warum können sie das nicht? Wenn sie doch so intelligent sind?"
„Es ist die fehlende emotionale Intelligenz und der wachsende Egoismus, der sich wie eine Seuche immer mehr und mehr ausbreitet. Es zählt nur noch Macht und Geld. Und hier beginnt unsere Mission. Wir müssen den Zugang zu den lebenden Seelen finden und diese beeinflussen. Es hilft nicht weiter, wenn wir immer nur die toten Seelen retten!"
„Doch macht Platz für Michael mit seinen beiden kleinen Seelen, an denen er so schwer trägt."
„Endlich bin ich angekommen! Eigentlich war mein Auftrag, nur zu beobachten, gestern schon vorbei, aber ich musste zurück. Diese beiden Kinderseelen, die eine aus Somalia und die andere aus Eritrea, hatte ich schon monatelang beobachtet. Das kleine Mädchen hatte ich letzte Woche schon in meinen Händen, aber die Tränen der Mutter haben mich veranlasst, sie noch zurück zu lassen, damit sie sich in Ruhe verabschieden konnte. Den Jungen aus Somalia fand ich heute Morgen ganz alleine mit großen Augen und aufgequollenem Bauch am Wegesrand liegen. Sein Blick hat mich angefleht, ihn endlich zu erlösen."
„Ich frage euch nun, was hättet ihr gemacht? Hättet ihr wirklich nur an euren Beobachtungsauftrag gedacht? Ich glaube nicht. Also macht mir keine Vorwürfe, sondern

schaut lieber hin, wie sich die kleinen Seelen gerade erholen."

Epilog
Die anderen Engel, die sich in den letzten Wochen nur an ihren Auftrag gehalten hatten, obwohl sie auch viele Seelen hätten retten können, verziehen Michael, weil sie wussten, dass er gar nicht anders konnte.
Schließlich machten sich auf, ihre Mission zu beginnen, die Seuche Egoismus zu bekämpfen und den Menschen den Weg zurück zu Liebe und Hilfsbereitschaft zu zeigen. Obwohl ihnen klar war, dass ihnen das nicht bei allen Menschen auf dem Planten Erde gelingen würde, wussten sie, dass ihre Mission auf jeden Fall erfolgreich sein würde, denn jeder einzelne Mensch, der dadurch einen gesunden Verstand bekam, würde die Liebe an mindestens einen weiteren Menschen weitergeben.
Michael jedoch durfte weiterhin die armen Kinderseelen retten, für die es auf der Erde kein erträgliches Leben mehr gab.

Dr. Bärbel Sirrenberg
GOLDENE ARMUT

Frede Christ streicht sich mit der linken Hand durch ihre halblangen, blonden Haare, dann wirft sie den Kopf zurück, als untrügliches Zeichen ihrer Verärgerung.
„Ich habe mir von ihnen Hilfe erwartet und nicht tausend Fragen. Es war mein Fehler, ich hätte nicht die Polizei sondern gleich den Polizeipräsidenten anrufen sollen. Ich golfe mit Bodo, er hätte mir kompetente Beamte geschickt, die mit dem Verschwinden meiner Tochter professionell umgegangen wären!"
Cora Mann sieht ihren Kollegen an, der kaum merklich den Kopf schüttelt, „es lohnt sich nicht", ist seine stille Botschaft.
„Bitte versuchen Sie sich so genau wie möglich, daran zu erinnern was Ihre Tochter gestern Nachmittag gemacht hat und wann sie sie zum letzten Mal gesehen haben." Cora stellt die gleiche Frage zum dritten Mal, mühsam die Ungeduld in ihrer Stimme unterdrückend.
„Ich habe meine Tochter gestern überhaupt nicht gesehen, vielleicht kann Ihnen meine Zugehfrau helfen. Ich bin gestern früh erst aus London zurückgekommen. Erst heute Morgen habe ich bemerkt, dass Mary-Lou die ganze Nacht nicht zuhause war." „Sie haben gestern Abend nicht nach ihr geschaut?"
„Nein, mein Gott, das Kind ist zwölf Jahre alt und wohl alleine in der Lage, ins Bett zu gehen. Ich habe einen aufreibenden Job, von dem auch Mary-Lou profitiert. Sie kann sich alles kaufen, was sie nur wünscht." Frede leitet eine Werbeagentur. Die Polizisten müssen sich nur in dem teuer eingerichteten Haus umsehen, das Reichtum aber keine Wärme ausstrahlt, um zu wissen, dass Frede erfolgreich ist.

„Kann Mary-Lou bei einer Freundin sein, bitte geben Sie uns eine Liste ihrer Freundinnen."
„Sicher, sie hat Freundinnen, glaube ich. Eine Liste kann ich Ihnen nicht geben. Vielleicht kann Ihnen meine Haushaltshilfe...", Frede unterbricht ihren Satz und wundert sich, warum ihr alles peinlich wird.

Mary-Lou reibt sich den Rücken, biegt den Oberkörper vor und zurück. Als Carola sie sieht, lacht sie. „Hast du auf der Sprungfeder gelegen? Das Sofa ist alt, aber, nun ja, du weißt ja, es ist alles nicht so einfach". Mary-Lou weiß, was nicht so einfach ist. Die Mutter ihrer Freundin muss für drei Kinder alleine sorgen und hat nur wenig Geld, aber sie ist immer lustig und hat viele Ideen, was die Kinder unternehmen können. Gestern haben sie alle in der Wupper gebadet, an einer seichten Stelle bei Leichlingen. Conny, Carolas Mutter, hatte zum Picknick Kartoffelsalat in einem Schraubglas mitgebracht. Dazu gab es ein Stück Fleischwurst und zum Nachtisch Wassermelone. Die Kinder hatten riesigen Spaß. Mary-Lou kam mit Sonnenbrand auf den Oberarmen zurück.
„Du musst nicht jammern, Schätzchen, ich habe bestimmt noch irgendwo eine Creme", sagte Conny und schüttete den Schubkasten aus, kramte in gesammelten Kleinodien, zog mit Triumphgeschrei die Creme hervor und rieb vorsichtig Mary-Lous Arme ein. Zum Abend gab es Nudeln, nur mit ein bisschen Öl und Salz.
„Tut mir schrecklich leid, Kinder, aber für Tomatensauce hat es nicht gereicht." Mary-Lou war an diesem Abend nicht nach Hause gegangen und hatte Conny angelogen, denn sie hatte nicht, wie versprochen, ihrer Mutter Bescheid gesagt.
Als Mary-Lou in die Küche kommt, scheint die Sonne durch das Fenster und die Schatten malen ein seltsames Muster auf den Boden. Sie blickt sich nach Conny um, kann sie aber nirgends entdecken. Ein lautes Jaulen

schreckt Mary-Lou auf. In einer Ecke, neben der Spüle, sitzt Conny auf dem Boden und streichelt Picko, den zauseligen Familienhund, von dem Carola immer behauptet hatte, er hätte mindestens zehn Rassen in sich.
„Ist Picko krank?" „Er hat Schmerzen, ich weiß nicht, was ihm fehlt." Mary-Lou hat die fröhliche Conny noch nie so traurig gesehen. „Dann muss er zum Tierarzt." „Wir können nicht zum Tierarzt gehen, ich habe noch 21 Euro und 86 Cent. Das muss noch zwei Tage reichen. Beim Tierarzt muss man im Voraus bezahlen." „Ich habe zuhause noch mein Taschengeld, ich hole es, es reicht bestimmt." Mary-Lou rennt ins Wohnzimmer. Als sie gerade ihre Schuhe anzieht, steht Conny in der Tür. „Ich kann von dir kein Geld annehmen, das wäre nicht recht." „Aber wenn Picko stirbt? Ich habe ihn doch so lieb, ich habe euch alle so lieb."

„Du bist dir darüber im Klaren, dass ich in diesem Rahmen keine korrekte polizeiliche Ermittlung durchführen kann?"
Bodo Springer fühlt sich äußerst unwohl. Trotz der Klimaanlage, die für eine angenehme Raumtemperatur sorgt, schwitzt er. Der süßliche Duft, der einer kristallenen Wasserschale mit vielen bunten Kugeln entströmt, die ihn an die Murmeln seiner Kindheit erinnern, bereitet ihm Kopfschmerzen und Übelkeit. Die Lage, in die ihn seine Bekanntschaft mit Frede gebracht hat, ist grotesk. Auf dem mit weiß-gelb gestreifter Seide bezogenen Sofa vor ihm sitzt eine verheulte Mary-Lou, die sich mit beiden Händen an eine blasse Frau mit wirren Locken in einem verwaschenen Shirt geklammert hat. Die Frau kommt ihm bekannt vor, polizeibekannt wahrscheinlich. Auf der anderen Seite des Sofas drückt sich ein dickes Mädchen mit einer unvorteilhaften Kurzhaarfrisur, die bestimmt ihre Mutter verbrochen hatte, in die Polster, als wolle es darin verschwinden.

„Wir brauchen keine korrekte polizeiliche Ermittlung." Frede versucht, den Tonfall des Polizeipräsidenten zu imitieren, „Hatice", dabei deutet sie auf eine kleine, pummelige Frau, die kerzengerade und bewegungslos hinter Fredes Sessel steht, „Hatice hat gesehen, wie das dicke Mädchen Geld aus meiner Kassette im Schlafzimmer genommen hat." „Mary-Lou war auch dabei", ergänzt Bodo. „Weil sie gezwungen wurde. Weshalb sollte meine Tochter stehlen? Ihr fehlt es an nichts."
Die Frau, die bisher stumm auf dem Sofa gesessen hat, hebt den Kopf. „Sind Sie sicher?" Frede lässt sich nicht irritieren. „Diese Leute haben mein Kind entführt und mich bestohlen. Schau sie dir doch an, die Armut kann man ja Kilometer weit riechen. Ich verlange von dir, dass du sie verhaftest, alles Weitere regelt mein Anwalt."
Mary-Lou, die weinend auf dem Sofa gesessen hat, springt auf. „Ich hasse dich! Ich habe das Geld genommen, wir brauchen es für Picko und wenn er gestorben ist, weil wir hier sitzen, dann will ich dich nie mehr sehen. Überhaupt ich will bei Conny bleiben". „Nun tu doch endlich etwas, die haben eine Gehirnwäsche bei meinem Kind gemacht!" Frede ist wütend. „Halt deinen Mund", herrscht Bodo sie an, „du verstehst etwas von Geld, aber nichts von Kindern." Conny legt den Arm um Mary-Lou und sieht Bodo an „Kennst du mich nicht mehr? Cornelia Groß, klingelt es da bei dir?" Bodo hält die Luft an, von einer Sekunde zur anderen ist alle Farbe aus seinem Gesicht gewichen. „Die Conny, mit der ich... Ist das etwa meine Tochter?" Er blickt zu dem dicken Mädchen hinüber. „Wer weiß? Können wir gehen?" Bodo nickt, Conny steht auf, die beiden Mädchen folgen ihr aus der Villa.
„Das Kind hat hier alles und geht mit der Schlampe!"
„Conny ist keine Schlampe, sie hat etwas, was dir vollkommen fremd ist, Herz."

Mali Rother
VATER UNBEKANNT

Sie war viel zu dünn für ihre sieben Jahre. Kein Wunder, es war Nachkriegszeit. Die Augen waren dunkelbraun und blickten skeptisch. Sie hatte helle Wimpern und Augenbrauen und eine sehr blasse Haut. Es war kein Kindergesicht, in das man blickte, dafür fehlten Attribute, wie rosige Bäckchen oder Grübchen. Die Haare trug sie streng nach hinten gekämmt und in zwei langen Zöpfen geflochten. Sie hatten den Ton von heller Buche, bei Sonnenschein leuchteten sie etwas rötlich. Später sollte sie diese Farbkombination zu einer aparten Schönheit machen, die viele junge Männer verwirrte. Im Moment aber war nur sie verwirrt. Sie hatte große Angst. Aus ihrer Perspektive sah der Mann sehr groß aus. Er war gut genährt, muskulös und ordentlich gekleidet. Seine Anwesenheit erfüllte den ganzen Raum. Der Mann war vor etwa vier Jahren zum letzten Mal hier gewesen. Dann erhielt er den Befehl auszurücken. Zuerst bis nach Sibirien, dann kam der Rückzug aus dem Osten. Als ein Querschläger seinen Unterkiefer zertrümmerte, wurde er notdürftig zusammengeflickt und an die Westfront abkommandiert. Endlich war Kriegsende, aber keine Freiheit für ihn, sondern Zwangsarbeit in der Kriegsgefangenschaft.
In ihr stiegen Tränen auf. Tapfer schluckte sie die hinunter,bis der Hals wehtat. Aus Erfahrung wusste sie, dass Tränen nichts brachten. Nein, sie würde nicht weinen. So verdrängte sie die Tränen, konnte aber nicht verhindern, dass Wut in ihr hochstieg. Warum musste der Mann in ihr Leben eindringen. Bisher fand sie ihr Leben ganz in Ordnung, trotz Krieg und Entbehrungen. Sie wohnte mit ihrer Mutter, ihrer älteren Schwester und den dreijährigen Zwillingen in einer Zweizimmerwohnung.

Mutter war immer beschäftigt. Sie musste sehen, dass die Familie genug zu Essen hatte. Sie bestellte den Garten, züchtete Hühner und Kaninchen, melkte Ziegen und Schafe. Sie ging zu den Bauern auf 's Feld und las Kartoffeln auf und Ähren. In der Zeit, in der die Mutter nicht zu Hause war, befand sie sich in der Obhut ihrer großen Schwester. Das war nicht immer leicht. Die Schwester war sehr bestimmend und sicher überfordert mit drei kleinen Geschwistern.

Der Mann stammte ursprünglich von einem Bauerhof. Zur Zwangsarbeit wurde er einem Kleinbauern in den Vogesen zugeteilt. So kam er zu Madame und Messieurs. Die Leute im Dorf nannten ihn le Cochon, das Schwein. Immerhin war er ein Deutscher. Madame und Messieurs nannten in nie so, sie nannten ihn Paul. Zuerst nahm ihn Madame unter ihre Fittiche und päppelte ihn auf. Dann musste er bei Messieurs arbeiten. Messieurs sollte nicht bereuen, dass er ihn ausgesucht hatte. Der Mann konnte mähen und säen, eggen und pflügen. Er kannte sich mit Kleintierhaltung aus, konnte jagen und schlachten. Bald erklang die Bezeichnung le Cochon wie eine verhaltene Anerkennung im ganzen Dorf.

Sie hatte eine Taktik entwickelt, ihrer häuslichen Enge zu entfliehen. Das Klo war auf halber Treppe im Haus. Sie tat dann so, als würde sie dorthin gehen, schlich sich aber die Treppe hinunter und schloss leise die Haustüre. Sie musste sehr vorsichtig sein, denn die Hausbesitzerin war leicht reizbar. Sie durfte auf keinen Fall mehrere Stufen auf einmal nehmen oder die Haustüre knallen, dann gab es Ärger. Wenn sie es geschafft hatte das Haus zu verlassen, sprang sie schnell durch den Garten und kam auch schon auf dem „Aschenweg" an. Hier war immer etwas los. Hier tobten Kinder. Man konnte Fahrrad fahren, mit dem Ball spielen, alles war möglich. Der Aschenweg barg aber auch Gefahren. Die Asche war extrem rutschig und schnell zog man sich schmerzliche Verletzungen zu. Zudem verlief die Kanalisation in einem Rinnsal neben dem Weg. Mit dem Fahrrad rutschte man leicht hinein. Einmal fielen ihr sogar die Heringe, die sie im Laden holen musste, in diesen Wasserlauf, doch hinter der Brücke holte sie die einfach wieder raus. Gut war nur, dass sie mit verdreckter Kleidung und kleinen Verletzungen nicht nach Hause gehen musste. Das Haus der Großeltern stand am Aschenweg.

Der Mann wurde von Madame und Messieurs in deren Familie aufgenommen. Zur Familie gehörte noch eine Tochter, die bereits eine Ausbildung als Bürokauffrau absolvierte. Sie war ein feines Mädchen, interessiert an Kultur und Literatur. Sie sprach etwas deutsch und war die erste, die Paul und seine Familie später in Deutschland besuchte. Der Sohn war ein Filou und dachte, Kriegsgefangene könne man beliebig ärgern. Da hatte er aber nicht mit Messieurs gerechnet. Er bekam eine tüchtige Tracht Prügel, dann begann eine lebenslange, wunderbare Freundschaft mit Paul.

Ihr kam das Haus der Großeltern hell und freundlich vor, was vielleicht an den Bewohnern lag. Wenn sie kleine Verletzungen hatte, war Opa zuständig, er war der Sanitäter. Für Risse in den Kleidern auch, denn sein Beruf war Herrenschneider. Oma fand meistens noch etwas zu essen und dann war da noch eine unverheiratete Tante, mit großem Busen und Herzen, an denen man sich gut trösten lassen konnte. In dem Haus wohnte noch ein Onkel mit seiner Frau und seiner alten Schwiegermutter und einer Cousine, die war aber genauso nervig, wie ihre eigenen Geschwister.

Nach kurzer Zeit sprach der Mann französisch, obwohl er zuvor nie mit einer Fremdsprache in Berührung gekommen war. Er hatte einen grässlichen Akzent, bei dem nasale Laute gänzlich fehlten, trotzdem klappte die Verständigung gut. Die Sprache war für ihn nie ein Problem. Er überhörte die Schmähungen, die auf Grund seiner deutschen Herkunft gemacht wurden. Er machte sich durch Fleiß und fundierte Kenntnisse beliebt. Madame und Messieurs hatten ihn sowieso in ihr Herz geschlossen. Sein Kummer war, dass er all die Jahre nichts von seiner Familie hörte. Seit dem Ende des Krieges, vor über drei Jahren, war absolute Nachrichtensperre. Er hatte Briefe geschrieben, später schickte er Päckchen, bei seiner Familie kam nie etwas an. Seine Familie versuchte durch das Rote Kreuz den Aufenthalt zu erfragen, alles ohne Erfolg. Keine Nachricht! Keine Lebenszeichen! Dann stand er plötzlich in der kleinen Küche. Seine Anwesenheit wirkte, als hätte ein Blitz eingeschlagen. Die Mutter hatte mit ihren Händen die Schürze ergriffen und hielt sie sich vors Gesicht. Die große Schwester brachte kein Wort heraus und die Zwillinge klammerten sich an einander. Sie war die erste, die aus der Erstarrung erwachte. Sie sagte mit brüchiger Stimme: „Was will der fremde Mann hier?" Nun hatte auch ihre ältere Schwester die Sprache wieder gefunden. Belehrend sagte sie: „Das ist dein Vater, sag ihm ordentlich ´Guten Tag`!" Der Mann wollte keine Begrüßung von ihr, er wollte nur seinen Sohn sehen. Der Kleine versteckte sich ängstlich hinter seiner viel größeren Zwillingsschwester. Diese fand ihre Fassung endlich wieder: „Komm! Vater!", sagte sie und zog den kleineren Bruder in Richtung des Mannes. „Vater! Vater! Vater!", flüsterte der Junge, als müsste er das Wort, das bis jetzt keine Bedeutung für ihn gehabt hatte, einüben. Da erwachte auch die Mutter aus ihrer Lethargie. Sie stieß einen spritzen Schrei aus. „Paul, Paul!" Dann brach sie in Tränen aus.

Iris Tscharf

DER MANN, DER AUSSIEHT WIE PAPA

Sie wippt vor und zurück. Vor und zurück. Wie auf einer Schaukel. Nur dass hier keine Schaukel steht, dass sie hier in der nassen Wiese sitzt, dass sie auf das Vier-Parteien-Haus starrt, während kleine Tropfen ihre Kleidung durchnässen.

Vor und zurück. Sie summt die Melodie von Biene Maya. Larissa schnuppert in die Luft. Stellt sich vor, sie wäre eine Biene, die von Blume zu Blume fliegt. Leider wachsen in dem Garten schon lange keine Blumen mehr, nur Unkraut erobert die freie Fläche. Sie hebt die Arme, breitet sie aus, summt weiter die Melodie, steht auf, lässt die Augen zu. Sie ist Biene Maya. Sie fliegt. Sie hat viele Freunde. Willi ist ihr Freund und Flip, Alexander und Fräulein Kassandra und sogar die Spinne Thekla lässt sie auf dem Spinnennetz wie auf einem Trampolin springen. Larissa läuft los. Die Augen geschlossen, die Melodie begleitet sie. Sie macht Halt an einer gelben Blüte. Sie riecht süßlich. Die weiße Blume duftet frisch. Die rote Blume etwas herb. Das Mädchen stolpert. Sie öffnet die Augen.

Die Melodie ist wie verschwunden. Larissa setzt sich neben eine Pfütze. Ihre Hände klatschen ins kühle Nass. „Wer hat an der Uhr gedreht" singt sie jetzt leise, um den Nachbarn nicht zu wecken, der immer bei offenem Fenster schläft. Wie spät ist es?

Ihr Körper wippt vor und zurück. Sie blickt sich um. Sie hätte gerne jemanden zum Spielen, aber in dem Haus wohnen nur ältere Leute. Und die mag sie nicht besonders, weil sie immer leise sein muss, sonst würde jemand vom Amt kommen, sagt ihre Mutter, und Larissa müsste bei Fremden wohnen. Das Mädchen wischt sich mit dem Handrücken über ihre geschlossenen Augen und blinzelt die Tränen weg.

Eins, zwei, drei, vier! Larissa zählt die Tage ab, an denen sie jetzt schon ihren Vater nicht mehr gesehen hat. Sie weiß, dass er noch zuhause wohnt, sie kann in der Früh sein Rasierwasser riechen. Dann schließt sie immer die Augen und stellt sich vor, ihr Vater würde vor ihr stehen. Larissa wird es kalt. Sie setzt sich auf die Hände, macht sich ganz klein, indem sie sich an die Hausmauer lehnt. Sie wippt nicht mehr. Starrt in den Himmel, auf dem düstere Wolken viel zu schnell vorüberziehen. Normalerweise mag sie den Wind. Sie ist dann eine Wetterhexe. Eine böse Hexe, die Hagel und Sturm bringt, das Verderben, was immer das sein mag. Manchmal auch eine gute Hexe, die Essen und Kleidung herbeizaubert, damit Eltern nicht arbeiten müssen.

Larissa fängt wieder an zu wippen. Wie spät ist es? Ihr Magen knurrt. Vielleicht hat Mama sie heute vergessen? Vielleicht muss sie wieder länger arbeiten?

Arbeit ist doof, denkt sich Larissa. Niemand ist zu Hause, niemand spielt mit ihr, niemand sperrt die Haustür auf, wenn sie vergessen hat, den Schlüssel abzuziehen.

Aber Mama wünscht sich das alte Haus zurück. Sie redet so oft darüber. Früher wohnten sie auf dem Land, erzählt Mama immer wieder. Larissa kann sich daran nicht erinnern. Hatten sie auch Kühe? Die Melodie von „Old McDonald had a farm" fällt ihr ein. Sie schmunzelt. Der Euro hat ihnen das Haus genommen, erzählte Mama. Papa gab die Schuld der Wirtschaftskrise. Larissa hasst den Euro genauso wie die Wirtschaftskrise, egal wer von denen die Schuld hat. Der Euro ist schuld, dass ihre Mama nicht mehr zu Hause ist und jetzt in einem Hotel arbeitet. Die Wirtschaftskrise ist schuld, dass Papa jeden Tag Überstunden machen muss.

Wirtschaftskrise. Euro. Larissa hat keine Ahnung, was die beiden Wörter bedeuten. Aber sie weiß, sie mag sie

nicht. Sie weiß, es geht um Geld. Um das Haus. Blödes Haus, denkt sie sich. Wer braucht das schon?
Ihr Wippen wird schneller. Der Himmel dunkler.
Mama sagt immer, man darf nicht lügen, denkt sich die Kleine. Aber selbst Mama lügt. Und Papa auch. Sie haben versprochen, es wird besser, wenn beide arbeiten. Dann haben wir mehr Geld. Jetzt haben wir noch immer kein Geld. Und ich bin alleine, flüstert sie vor sich hin. Früher spielte Mama mit ihr Verstecken. Oder sie gingen in den Park, sammelten Blätter und bastelten dann mit Ästen kleine Waldmännchen. Dazu braucht man keinen Euro und keine Wirtschaftskrise, denkt Larissa. Sie sammelten Steine und bemalten sie. Sie verkleideten sich mit Leintüchern als Geister und Mama las ihr Geschichten vor oder sang Lieder.
Larissa summt wieder. Wie der Text zur Melodie lautet, fällt ihr nicht ein. Irgendwas mit Häschen. Ihr Körper zittert, sie drückt sich noch stärker zur Hauswand. Doch auch die Wand ist kalt und es beginnt wieder zu regnen. Sie hätte die Jacke anziehen sollen. Und die warmen Schuhe anstatt die Pantoffel. Mama wird schimpfen, denkt sie sich. Aber sie wollte nur den Müll runter bringen, als der Wind die Tür zugestoßen hat.
Dann hält sie inne. Der Nachbar späht aus dem Fenster. Larissa versucht sich, so nah wie möglich an die Hauswand zu drücken.
„Du schon wieder!", schreit er aus dem Fenster. „Ich hab dir gesagt, du sollst nicht im Garten spielen. Ich brauche meine Ruhe. Na warte!"
Larissa springt hoch, läuft auf das Tor zu. Hinter sich hört sie, wie eine Tür zufällt. So schnell sie kann, läuft sie den Gehweg entlang. Sie blickt nicht zurück, sie rennt. Ihre Füße brennen in den harten Pantoffeln. Aber sie bleibt nicht stehen. Sie rennt immer weiter. Erst als sie hinter sich nichts mehr hört, hält sie inne. Der Nachbar ist nicht zu sehen. Sie blickt sich um. Wo ist sie?

Langsam geht sie die dunkle Straße entlang. Nur selten fährt ein Auto vorüber, dann duckt sie sich. Plötzlich greift eine Hand nach ihrer Schulter. Sie will schon los rennen, denkt, der Nachbar habe sie eingeholt. Doch dann hört sie eine Stimme. „Na Kleines, hast du dich verlaufen?" Die Stimme ist ruhig und sanft, wie die Melodie von „Schlaf, Kindlein, schlaf". Der Mann lächelt sie an. „Wie heißt du?"
„Larissa." Er sieht aus wie Papa, denkt sie sich. Aber er ist ruhiger, nicht so laut, nicht so hektisch wie Papa. Warum muss der nicht arbeiten? Noch immer lächelt der Mann. „Komm mit, ich bring dich nach Hause. Ist ja kalt hier draußen. Da vorne steht mein Auto."
Larissa blickt sich um. Mama hat ihr verboten mit fremden Leuten zu reden. Noch mehr verboten hat sie ihr, mit Fremden mitzugehen. Aber die Kälte kriecht immer tiefer in sie. Sie hat Hunger. Sie hat Angst. Und der Mann, der ist so nett. Hand in Hand folgt sie ihm zu seinem Auto. Und fährt mit ihm weg, während sie die Melodie von „Häschen in der Grube" summt.

Ute Peters
JAN

„Ist jemand zu Hause"? rief Jan, nachdem er die Haustür geöffnet hatte und in die kleine Wohnung kam. Keine Antwort, also war er mal wieder alleine mit seinem Bedürfnis, die Ereignisse des Tages zu erzählen, seinem Wunsch nach Nähe und Wärme und – seinem Hunger.

Jan ging in die zweite Klasse, sein Zuhause war eine sogenannte Schutzwohnung. Hier wohnte er mit seiner Mutter Una (lat. „die Einzige"), seit sie vor dem prügelnden Vater in Sicherheit gebracht werden mussten. Natürlich ist diese Schutzwohnung anonym, kein Klingelschild weist auf den Mieter hin; und natürlich darf er nie jemanden zum Spielen mit nach Hause bringen, um diese Anonymität zu wahren.

Jan musste mit seinen acht Jahren sehr schnell erfahren, wie schwer das Leben ist, wenn das Geld vorne und hinten nicht reicht, die Mutter aus Angst vor Entdeckung nicht arbeiten gehen und niemand wirklich helfen kann. Ein Blick in den Kühlschrank reichte – absolut leer. Also musste er mal wieder darauf warten, dass seine Mutter endlich nach Hause kam und hoffentlich etwas zu essen mitbrachte.

Unschlüssig, ob er den Rest der Hausaufgaben sofort erledigen oder doch lieber den altersschwachen Fernseher einschalten sollte, pendelte er zwischen Kinderzimmer und Wohnzimmer hin und her. Eigentlich würde er viel lieber mit seinem besten Freund Sebi (eigentlich Sebastian) Fußball spielen, aber das ging ja nun nicht. Auch er durfte nicht wissen, wo Jan zurzeit und hoffentlich nicht für lange, lebte.

Endlich hörte er den Schlüssel in der Eingangstür und lief Una entgegen, die müde und missmutig eine Einkaufstüte auf den Fußboden plumpsen ließ.

„Mann, immer muss ich auf dich warten, und überhaupt, ich habe Hunger und es ist nix da", überschüttete Jan seine Mutter mit Vorwürfen. Una sah ihn traurig an, nahm ihn in den Arm und begann haltlos zu weinen.
„Ich hatte einen schweren Tag und es tut mir wahnsinnig leid, dass du auf mich warten musstest. Ich bin zufällig deinem Vater in der Stadt begegnet und musste flüchten. Ich hatte eine Wahnsinnsangst, dass er mir folgt und unsere Wohnung findet. Ich hoffe, ich konnte ihn abschütteln; ich habe immer nur an dich und die Prügel gedacht, die er uns ständig angetan hat".
Jan sah seine Mutter ängstlich an und kuschelte sich ganz eng an sie. Trotz seines großen Hungers zog sich sein Magen vor Angst zusammen und gemeinsam hockten sie im Flur auf dem Boden und starrten ins Leere.
„Komm, ich mach uns was zu Essen. Ich habe Nudeln, Tomaten und Salat mitgebracht, daraus koche ich ganz schnell etwas. In einer halben Stunde ist alles fertig".
Jan stand langsam auf, ging schleppend in sein Kinderzimmer und holte endlich das Heft mit den Hausaufgaben aus seinem heißgeliebten Schulranzen, auf dem gewaltige Monster Trucks abgebildet waren, heraus. Er erinnerte sich noch ganz genau an seinen sechsten Geburtstag, als sein Vater ihm diesen Schulranzen mit den Worten überreichte: „Jetzt wirst du endlich ein Schulkind und lernst den Ernst des Lebens kennen".
Was er damit wohl meinte, fragte sich Jan heute noch. Für ihn bedeutete Schule Freunde treffen, lesen, schreiben und rechnen lernen und vor allem Freude am Leben haben. Ja, er ging gerne zur Schule und ja, er genoss die Gemeinschaft mit gleichaltrigen Kindern.
Pünktlich nach einer halben Stunde duftete das Essen und Jan ging neugierig in die kleine Küche. Jetzt hatte er großen Hunger und wünschte sich, dass alles so gut schmeckte, wie es roch.

Una hatte schon den Klapptisch hochgeklappt und zwei Teller, Besteck und Servietten aufgelegt. Trotz aller drastischen Sparmaßnahmen achtete sie sehr darauf, dass die Mahlzeiten in einer angenehmen, entspannten Atmosphäre und vor allem gemeinsam eingenommen werden konnten.
„Nächste Woche ist der Scheidungstermin, Jan. Dann können wir darauf hoffen, dass wir aus dieser Wohnung raus und wieder in eine normale Wohnung ziehen können. Dann kannst du endlich auch deine Freunde mitbringen"
Jan schaute sie ungläubig an. „Ist das auch wahr? Dann kann ich endlich Sebi mitbringen und muss keine Angst haben, dass uns Papa entdeckt"?
„Ja, genau. Ich finde es sehr schade, dass du dich mit deinen acht Jahren schon mit solch schlimmen Dingen beschäftigen musst. Vor allem aber kann ich bald wieder arbeiten und du kannst dann nach der Schule in den Offenen Ganztag gehen. Dort bekommst du jeden Tag ein leckeres Mittagessen, kannst deine Hausaufgaben machen und mit anderen Kindern spielen. Glaub mir, endlich haben wir dann wieder ein Leben wie andere auch".
Jan sah zu seiner Mutter auf und plötzlich wurde ihm bewusst, dass er auf diesen Moment seit vielen Monaten gewartet hatte. Gut, er musste sich noch etwas gedulden, bis alles wieder gut werden würde. Aber jetzt hatte er ein Ziel vor Augen, für das er gerne noch Einschränkungen hinnehmen konnte.
Nach dem leckeren Essen rannte er fröhlich in das Badezimmer, wusch sich die Hände und konnte schon wieder lachen. „Darf ich Sebi erzählen, dass er mich bald besuchen kommen kann?", rief er in Richtung Küche. „Dann kann ich ihm endlich meine Ritterburg zeigen und mit ihm damit spielen. Das macht mehr Spaß als immer alleine die Figuren zu bewegen".

„Nun mal nicht so stürmisch, junger Mann. Ich muss erst mal eine Wohnung für uns finden, die ich auch bezahlen kann. Dann muss ich ganz schnell einen Job finden, der mir auch noch Zeit für dich lässt. Aber, ja, dann kannst du Sebi mitbringen. Hoffentlich geht jetzt alles ganz schnell".

Jan schaute aus seinem Kinderzimmerfenster auf den dunklen Hinterhof, der plötzlich gar nicht mehr so dreckig aussah. Er sah die langsam untergehende Sonne, die graue Fassade des Nachbarhauses und war sich plötzlich ganz sicher, dass alles wieder gut werden würde.

Seine Mutter erledigte den Abwasch, als plötzlich das Telefon schellte. Jan wusste, dass nur sehr wenige Leute diese Rufnummer kannten. Es war Oma Lotte und Jan hörte, wie Una ihrer Mutter die guten Neuigkeiten mitteilte. Offensichtlich entspannte sie sich bei dem Telefongespräch, denn sie lächelte Jan aufmunternd zu.

Jan drehte sich zu seiner Ritterburg um, die er hoffentlich in naher Zukunft seinem Freund Sebi zeigen würde. Nachdenklich rückte er die kleinen Ritter zu neuen Gruppen zusammen und stellte überrascht fest, dass die ständige Angst der Vergangenheit plötzlich ganz klein geworden war. Heute war ein schöner Tag und morgen wollte er – natürlich unter strengstem Indianerehrenwort – mit Sebi über die neue schöne Zukunft reden.

Bernd Möller
NAISSHA

Naissha saß wieder vor dem kleinen Supermarkt an der Ecke. Ihre Kleider waren schmutzig, der Rand ihres rosafarbenen Rockes verschlissen, vollgesogen mit dem bräunlichen Nass der kleinen Wasserlache neben ihr. Naissha war nicht ihr richtiger Name. Keiner schien zu wissen, wie sie wirklich hieß. Keiner von den Leuten, die in dem Supermarkt arbeiteten, oder jene, die in den letzten Tagen dort einkaufen gingen.

Ja, seit beinah einer Woche saß sie neben der Eingangstür des Marktes, die kleine Naissha. Josef - einer der neuen Kassierer - hatte ihr diesen Namen gegeben. Er meinte, es wäre ein Name aus Atlantis und bedeute „Wie eine Blume, vom Himmel gepflückt."

Das Mädchen saß neben der Pfütze, hielt zwei Joghurtbecher in den Händen, auf die je ein Clownsgesicht gemalt war. Es quasselte in einer Unbändigkeit mit zweierlei laut-piepsigen Stimmen, während die Joghurtbecher fröhlich tanzend einander näherten und sich wieder von einander entfernten. Unter dem dunkelbraunen, langlockigen Haar des Kindes, lugten zwei große braune Augen hervor, welche wie ein kleines Feuer leuchteten. Nur kurz darunter ein lachender Mund, welcher kaum ein Ende zu haben schien.

Als das Mädchen dort, so in sein Spiel versunken, fröhliche Gesten in die Luft malte, öffnete sich plötzlich die Tür des Supermarktes, und ein groß gewachsener Mann von hagerer Statur stürmte mit schroffem Gang heraus. Naissha zuckte etwas erschrocken, als eine Coladose gegen den metallenen Mülleimer neben ihr knallte, ehe die Überreste eines angebissenen Brötchens direkt bei der Dose landeten. Der Blick des Mannes fing sich an der Gestalt des Kindes, und seine dunkle Stimme ertön-

te fast bebend: „Ach, armseliges Bettlerbalg!" - bevor er, beinah über seine eigenen Füße stolpernd, im Grau des frühen Morgens verschwand.
Das Mädchen neigte den Kopf zum Ort ihres kleinen Spiels, und schon ging der Tanz weiter mit den Joghurtbechern.

Nur einige Augenblicke darauf lief eine Dame fortgeschrittenen Alters auf das Mädchen zu, senkte ihren Blick und starrte, ja, gaffte das Kind förmlich an, zögerte einen Moment, schüttelte voll Entsetzen den Kopf, riss die Nase in die Höhe, ging durch die Eingangstür des Marktes, ehe sie laut brabbelnd klagende Worte in die Luft schmiss: „Da sollte sich doch mal jemand drum kümmern. Was ist denn nur mit den Eltern los? Also Leute gibt es!? Das hätte es bei uns früher nicht gegeben!" Naissha schaute mit traurigen, fragenden Augen der Dame hinterher. Doch schon kurz darauf war die Frau nicht mehr zu sehen zwischen den Regalen, die nicht zu enden schienen und mit allerlei Essbarem angefüllt waren. In dem Laden, den Naissha da erspähte, schien es wohl alles zu geben - und das fast zu jeder Zeit, denn sie hatte in den vergangenen Tagen mehrmals große LKW gesehen, die gleich die Regale wieder füllten, ehe sie sich nur kaum gelüftet hatten. Und andere große Autos kamen und holten allerlei Essbares ab, was verdorben war oder auch nur so wirkte. Naissha verstand nicht recht, was da vor sich ging in dieser Einkaufswelt der Menschen hier.

Die Kleine fand aus ihren Fragen und dem Gedankenlabyrinth wieder zurück an den Ort ihres wundersamen Spiels, und sogleich zauberte sich wieder dieses Leuchten in ihr Gesicht. Sie atmete plötzlich tief durch und begann, in ihrem Clownzauber einfach zu singen. Eine liebliche Melodie kam ihr über die Lippen - ein Gesang von Silben, frei und wild aneinandergereiht, der leicht und anrührend zugleich war. Während sie sang, schien sich die Welt zu verwandeln mit einer Magie, welche alles in ein besonderes Licht tauchte. In diesem Moment kam eine junge Frau mit einem kleinen Mädchen auf Naissha zu. Die Frau schien es sehr eilig zu haben, doch das Mädchen neben ihr bemerkte den Glanz und die Kraft, die von dem singenden Kind ausging, hockte sich neben es und begann sogleich, wie von selbst mit zu singen. Dabei lachte es in einer Unbändigkeit, wie auch Naissha es tat. Die junge Frau sprach aber: „Steh sofort auf Clara! Siehst du nicht, dass das arme Mädchen ganz schmutzig und eine Bettlerin ist? Schau nur, wie dein Kleid aussieht!" Nur zögernd stand Clara auf, während sie Naissha freundlich lächelnd anblickte. Doch schließlich gehorchte sie der Mutter. Ganz plötzlich erhob sich auch Naissha, trug Tränen in ihrem Blick und sah der jungen Mutter tief in die Augen, wobei sie nicht ein bisschen von ihrem Glanz, ihrem Zauber verlor und ihr Antlitz glich dem einer alten Weisen. Mit warmer, klarer Stimme sprach sie: „Ich habe heute Morgen ein Brot und einen Apfel gegessen und hab mich sehr darüber gefreut. Ich habe hier zwei Clowns zum Spielen und das macht mich froh. Einige Menschen aus dem Markt sind sehr nett zu mir und ich habe sie gern. Ich hatte heute Nacht einen warmen Platz zum Schlafen und das war kuschelig. Ich habe alles und bin glücklich." Die Stimme des Kindes verstummte einen Moment lang, eh sie kurz den Blick senkte, bevor sie ihn erneut hob, der Frau liebevoll in die Augen schaute und sprach: „Geht es dir genauso?" „Ja,… äääh nein, äääh ich weiß nicht", stammelte die Frau sichtlich verunsichert. „Wieso sagst du, ich sei arm?", fragte Naissha sanft, ohne den leisesten Klang des Klagens in ihrer Stimme. Die junge Mutter blieb stumm, stand wie angewurzelt und wirkte sehr nachdenklich. Naissha lächelte, nahm kurz die Hand des kleinen Mädchens und zwinkerte ihm frech zu. Dann drehte sie sich um und ließ sich nieder, um wieder ihr Dasein dem Spiel zu widmen.

Die junge Mutter ging mit ihrer Tochter an der Hand leisen Schrittes, noch nachdenklich, über den Parkplatz und bemerkte, wie sich eine leichte Stille, eine Freude, ein kleiner Dank in ihrem Herzen ausbreitete. Sie drehte sich um und wollte der kleinen Naissha einen liebevollen Blick zuwerfen. Aber das wundersame Mädchen war verschwunden.

Die Autoren

Susann Obando Amendt
lebt in Berlin

Nadine d'Arachart
Hattingen, Jahrgang 1985, Studium der Sozialwissenschaften Bochum. Schreibt gemeinsam mit Sarah Wedler. Veröffentlichungen in Anthologien und Jahrbüchern, mit verschiedenen Preisen ausgezeichnet. Website: www.write-fever.de

Marie-Aline Bak
Solingen, Jahrgang 1997, Schülerin des August-Dicke-Gymnasiums Solingen. Hobbys: Klavier, Gesang, Ballett

Gisela Katharina Brenninkmeyer
Mühlheim a. d. R., Jahrgang 1945, seit 2010 im Ruhestand und Beginn der Schreiberei. Die in dieser Anthologie veröffentlichte Geschichte ist ihr zweiter Text.

Karla J. Butterfield
Solingen, geboren in Prag, Studium an der Scuola Teatro Dimitri im Tessin, Schauspielerin und Regisseurin. Seit sechs Jahren als Autorin tätig.

Gabriele Deutinger
Langenpreising, verheiratet und Mutter von zwei Kindern. Die in dieser Anthologie veröffentlichte Geschichte ist ihr erster Text.

Andreas Erdmann
Solingen, Jahrgang 1962, Schriftsteller, Sozialpädagoge, Studium der Germanistik, Sprach- und Literaturwissenschaften, zahlreiche Veröffentlichungen, ausgezeichnet mit verschiedenen Literaturpreisen.

Sabrina Firdell
Solingen, 52 Jahre alt, verheiratet, zwei Kinder, gearbeitet als journalistische Mitarbeiterin, freiberuflich in der Erwachsenenbildung tätig.

Elke Gold
Altlengbach (Österreich), Jahrgang 1980, geboren in Wien, aufgewachsen in der niederösterreichischen Provinz, Studium Deutsche Philologie

Eike Wolfgang Heinemann
Gehrden, Jahrgang 1999, schreibt seit der 2. Klasse Geschichten und Liedtexte, Veröffentlichungen in Anthologien. Hobbys: Geige, lesen, Natur

Lisa Heinemann
Bovenden, Jahrgang 1988, schreibt seit dem 6. Lebensjahr Geschichten, Studium der Forstwirtschaft in Göttingen, Hobbys: Klavier, Klarinette, malen, Natur, Katzen

Katja Hoffmann
Tribuswinkel (Österreich), Jahrgang 1983, geboren in Baden bei Wien, 2009 Schauspieldiplom am Franz Schubert Konservatorium Wien, 2011 Bachelor of arts, Romanistik, Uni Wien

Edith Hüttel
Offenbach/Main, Jahrgang 1954, erste Schreibversuche in Tagebuchform, in Gedichten und Kurzgeschichten verarbeitet sie ihre Erlebnisse, lässt sich von den aktuellen Geschehnissen inspirieren.

Inga Kess
Neuhausen, Jahrgang 1941, Studium an der Pädagogischen Hochschule Bonn, Unterricht an Grund- und

Hauptschule. Großer Konrektor an einer Grundschule in NRW, Dozentin an der Volkshochschule.

Klaus Klausens
Königswinter, Jahrgang 1958, Ausbildung zum Drucker, Studium der Publizistik und Amerikanistik in Berlin, Sketchschreiber, Bühnenhelfer, freier Journalist, tätig am Goethe-Institut, seit 2005 selbständiger Autor.

Margit Kröll
Schlitters (Österreich), Jahrgang 1983, Veröffentlichung von drei Jugendbüchern sowie Kurzgeschichten und Gedichten in Anthologien. Website: www.familie-kroell.at

Diandra Linnemann
Bonn, Jahrgang 1982, Übersetzerin und Schriftstellerin, Studium Japanisch/Arabisch in Bonn, Veröffentlichungen in Magazinen und Anthologien.

Bärbel Ludwig
Solingen, Jahrgang 1948, Künstlerin, Gestaltung von Tonobjekten, Besitzerin des Ateliers „Gleis 3", wo sie Ausstellungen und kulturelle Veranstaltungen organisiert. Website: www.ludwig-gleis3.de

Sylvia Mandt
Solingen/Köln, Jahrgang 1946, arbeitete als Sozialpädagogin und Kinder- und Jugendlichenpsychotherapeutin. Das Schreiben ist ein wesentlicher Bestandteil ihrer Lebensgestaltung. Website: www.prosablüten.de

Paula S. J. Maschke
Butzbach, Jahrgang 1997. Sie besucht das Weidig-Gymnasium Butzbach

Bernd Möller
Solingen, Jahrgang 1969, Ausbildungen zum Gärtner und Chemielaborant. Aus einer Lebenskrise ging er als Künstler hervor. Clown, Pantomime, Poet, Musiker und Bildhauer

Birgit Otten
Herne, Jahrgang 1964, Kommunalbeamtin, zwei Söhne, Veröffentlichungen und Auszeichnungen seit 1984. Seit 2010 liegt ihr literarischer Schwerpunkt auf Märchen, Fantasy, Phantastik.

Ute Peters
Solingen, Jahrgang 1953, Studium der Theologie und Erwachsenenbildung auf Lehramt, Studium soziale Arbeit, Weiterbildungen im kaufmännischen Bereich, inzwischen arbeitet sie selbständig.

Mali Rother
Solingen, Jahrgang 1944, redaktionelle Mitarbeit beim kirchlichen Gemeindebrief, verfasste verschiedene Moderationen, möchte ihre freie Zeit als Rentnerin mit kreativem Schreiben füllen. Mitglied der „Kleinen Schreib-Werkstatt" mit Sandy Green.

Dr. Bärbel Sirrenberg
Neckargerach-Guttenberg, geb. 1944 in Wuppertal, Studium der Medizin, Ärztin in der Frauenklinik Wuppertal, Praxis in Solingen. Zeichnungen in Pastell, seit 2010 Teilnahme an Schreibwerkstätten, Mitglied der Autorenvereinigung „Mörderische Schwestern/Sisters in Crime", Veröffentlichungen in Anthologien.

Susanne Steinbach
Wittlich, Jahrgang 1970, in Leipzig geboren, Studium der Humanmedizin, als Kinderärztin tätig.

Peter Suska-Zerbes
Kaufbeuren, 57 Jahre, arbeitet als Dipl. Pädagoge mit verhaltensoriginellen Jugendlichen, leitet den Schreibkreis „Schreibschon", in dem der Allgäu-Krimi „Gemeines Spiel" entstand.

Thorsten Trelenberg
Schwerte, Jahrgang 1963, Dichter, Kinderbuchautor, Flusspoet, Veröffentlichungen in Anthologien und eigenen Büchern.

Iris Tscharf
Gösselsdorf (Österreich), Jahrgang 1978, schreibt seit ihrem 15. Lebensjahr, Absolventin verschiedener Autorenschulen, bis 2010 betreute sie eine Autorengruppe, lebt in Kärnten.

Renate Walter
Weiterstadt, Jahrgang 1960, schon als Kind lesebegeistert, die in dieser Anthologie veröffentlichte Geschichte ist ihr erster Text.

Evamaria Weck
Solingen, Jahrgang 1935, bis 1995 Sozialarbeiterin bei der Stadt Solingen, seit der Pensionierung neben- und ehrenamtliche Tätigkeiten, Mitglied der Volkshochschul-Schreibwerkstatt.

Sarah Wedler
Hattingen, Jahrgang 1986, Studium der Sozialwissenschaften in Bochum, schreibt gemeinsam mit Nadine d'Arachart, Veröffentlichungen in Anthologien und Jahrbüchern. Website: www-write-fever.de

Bücher im custos verlag:

Sandy Green
So viele wie möglich
Erzählung
Juli 2011
ISBN 978-3-943195-00-2

Uta-D. Rose
Von der Lüge und anderen Wahrheiten
Anregung zu philosophischen Streitgesprächen
Oktober 2011
ISBN 978-3-943195-04-0

Sandy Green
Der König und die Ruhe
Hörbuch
August 2011
ISBN 978-3-943195-01-9

Ulla Feldhaus
Das Leben der Solingerin Tilde Klose (Arbeitstitel)
Biographie
Dezember 2011
ISBN 978-3-943195-02-6

Andrea Daun
Starke Kinder - Wollen wir die wirklich haben?
Ratgeber
März 2012
ISBN 978-3-943195-06-4